Inhaltsverzeichnis

W0414979

Wir freuen uns, wenn wir mit unseren Ideen alle Erzieherinnen und Eltern anregen, ihrer eigenen Fantasie freien Lauf zu lassen und unsere Vorschläge mit eigenen Kreationen zu variieren.
Bei der Beschäftigung mit den Kindern entstehen immer wieder neue Ideen oder die Kinder bringen Variationen selbst mit ein.

Und nun hoffen wir, dass Sie viel Freude haben!

Angelika Hüskes & Doro Leenen

Einführung

Ein- und Zweijährige Kinder erobern die Kindertageseinrichtung. Doch kann eine Kindertageseinrichtung die Herzen und die Begeisterung der ein- und zweijährigen Kinder erobern?
Das ist die Kernfrage, mit der sich Erzieherinnen* und Eltern befassen dürfen und müssen. Durch den Einzug der ein- und zweijährigen Kinder erweitert sich das Arbeitsfeld der Kindertageseinrichtungen nicht nur um weitere Jahrgänge, sondern um eine komplett neue Entwicklungsstufe.

Mit unserem Konzept laden wir Sie ein:
- ENTDECKEN Sie gemeinsam mit uns praxisnah die sensiblen Entwicklungsbereiche der Kleinkinder.
- FÜHLEN Sie sich durch Anregungen in die Bedürfnisse dieser jungen Menschen ein und in Ihrer Arbeit als Erzieherin gestärkt.
- SPIELEND UND LERNEND bereichern wir den Alltag der Kinder und bieten Ihnen eine Vielfalt von Ideen an.

Unser Buch „Entdecken – Fühlen – Spielend lernen“ ist für Erzieherinnen (und auch Eltern) eine praktische und sofort einsetzbare Bereicherung für ihren Alltag mit Kindern. Alle Anregungen und Beispiele sind praxiserprobt, sie sind flexibel in allen Betreuungsphasen der Nestgruppe einzusetzen und es besteht jederzeit die Möglichkeit, sie zu ergänzen, zu verändern oder zu kürzen.

Mit den vorliegenden Angeboten berücksichtigen wir:
- eine gut vorbereitete Bildungsarbeit,
- das Bedürfnis der ein- und zweijährigen Kinder nach Ritualen,

und stellen dabei den Tagesablauf der Kindertageseinrichtung in den Mittelpunkt.
Alle Erzieherinnen und Eltern laden wir ein, an unseren Erfahrungen teilzuhaben und freuen uns, wenn wir Ihren Alltag beleben und entlasten.

Die Bildungsboxen
Die in diesem Heft enthaltenen Spielideen haben wir in sogenannte „Bildungsboxen“ unterteilt. Die Impulse unterstützen die Kinder in ihrer individuellen Bildung. Zu jeder Bildungsbox gibt es eine passende Geschichte mit der Identifikationsfigur „Theo“, die Sie im Anhang des Buches finden. Auf den Vorderseiten der Bildkarten finden Sie entsprechende Schneidelinien, um die Karten zu teilen.

Die Bildungsboxen basieren auf vier Schwerpunkten
1. In den sensiblen Phasen der Ein- und Zweijährigen werden emotionale und soziale Kompetenzen entwickelt, das Sprach- und Sprechvermögen wird erweitert und Erfahrungen rund um Wahrnehmung und Körper werden gemacht. Darauf abgestimmt enthält dieses Buch viele Impulse: von Liedern und Fingerspielen über Bewegungsspiele und Massagen bis hin zu Bildergeschichten.

*** Hinweis:**
Aus Gründen der besseren Lesbarkeit wird im Folgenden auf eine sprachliche Differenzierung der weiblichen und männlichen Bezeichnungen verzichtet. Da die Erzieher im Kindergarten zumeist weiblich sind, haben wir uns hier für die weibliche Form entschieden. Selbstverständlich sind stets beide Geschlechter angesprochen.

BVK KI27 • Angelika Hüskes / Doro Leenen: „Entdecken – Fühlen – Spielend lernen“

2. Bei der Bildung von ein- und zweijährigen Kindern gilt der Grundsatz: „Weniger ist mehr." Daher möchten wir die Anregung weitergeben, viele Wiederholungen anzubieten und den Kindern Neuigkeiten in kleinen Schritten näherzubringen.
3. Die Bildungsboxen geben den Kindern Hilfestellungen, eigene Erfahrungen zu machen und ihre Alltagskompetenzen zu erweitern. Die jeweiligen Angebote berücksichtigen die Grundannahme, dass Kinder interessiert und bestrebt sind, Neues selbstbestimmt zu erleben.
4. Die Bildungsboxen finden Anwendung im Morgenkreis, im Mittelkreis, in der Abschiedsphase oder bei der Arbeit in Kleingruppen / mit einzelnen Kindern. Zusätzlich können Kopien der Lieblingslieder, Fingerspiele … der Kinder ihr Portfolio oder ihre Bildungsdokumentation bereichern oder auch die Elternarbeit unterstützen.

Vorteile und Anregungen für Erzieherinnen / Eltern

Die Bildungsboxen unterstützen intensiv die Arbeit der pädagogischen Mitarbeiterinnen und / oder der Eltern:

- Erzieherinnen / Eltern erhalten Impulse und Angebote, die sie mehrfach und multifunktional einsetzen können. Durch die eingesparte Vorbereitungszeit bleibt mehr Raum für die individuelle Zuwendung zu den Kindern sowie für die Entwicklung von eigenen, ergänzenden Ideen.
- Erzieherinnen / Eltern können die DIN-A5-Karten für Massagen oder Körperspiele über den Wickelbereich hängen (dazu eignen sich z. B. Fototaschen aus Kunststoff sehr gut). Dies ermöglicht den direkten Zugriff auf die Materialien.
- Wiederholungen und wiederkehrende Impulse sind ein Grundbedürfnis von ein- und zweijährigen Kindern. Wiederholungen stärken die persönlichen und kognitiven Kompetenzen der Kinder sowie ihr Verständnis für ihre Umwelt.
- Die Bildungsboxen berücksichtigen Stärken und Vorlieben der Unter-3-Jährigen und schützen sie ebenso vor einer möglichen Überforderung.
- Sie sind eine wertvolle Hilfe bei der Anleitung von Praktikantinnen oder als Anregung für die Elternarbeit.
- Erzieherinnen und Eltern profitieren von praktischen Erfahrungen und erprobten Spielideen.
- Die Bilder auf den DIN-A5-Karten dienen Kindern, die noch nicht sprechen können, zur Orientierung.

Anwendungsbereiche für die Bildungsboxen sind:

- Der Morgenkreis,
- der Mittelkreis,
- die Wickelzeit,
- Teilgruppen,
- das Freispiel.

Definition und Ablauf des Morgenkreises

Der Morgenkreis findet jeden Tag gegen 9.00 Uhr statt. Eine immer wiederkehrende Erkennungsmelodie – auf einem Instrument gespielt oder selbst gesungen – lädt die Kinder ein, Spielmaterialien liegenzulassen und im Kreis zusammenzukommen. Dabei versammeln sich die Kinder auf einem Teppich oder auf Sitzpads, um sich zu begrüßen. Sie erhalten kleine Impulse zum Jahreskreislauf. Der zeitliche Ablauf bewegt sich zwischen

BVK KI27 • Angelika Hüskes / Doro Leenen: „Entdecken – Fühlen – Spielend lernen"

10–15 Minuten. Zum Abschluss des Morgenkreises schildert die Erzieherin den weiteren Tagesablauf, erinnert an die bisherige Beschäftigung oder an das Frühstück und nimmt Wünsche der Kinder auf.
Alle Kinder wünschen sich gegenseitig viel Spaß für den heutigen Tag.

Bedeutung des Morgenkreises für die Kinder:

1. **Immer wiederkehrende Rituale und Orientierungen**
   Je jünger die Kinder in einer Kindertagesstätte sind, desto intensiver erleben und benötigen sie Rituale, Orientierungen und auch Tagesstrukturen. Diese unterstützen die Selbstsicherheit der jungen Persönlichkeiten und das Leben und Lernen in der sozialen Gemeinschaft.
2. **Individuelle Bildungszeit**
   Im Morgenkreis begrüßen wir jedes Kind einzeln im Kreis aller Kinder. Dieser individuelle Willkommensgruß stärkt das emotionale Wohlbefinden und das Selbstvertrauen jedes Kindes und seinen Wunsch, sich in die Gemeinschaft zu integrieren. Die Kinder freuen sich darauf, für einen Moment im Mittelpunkt zu stehen, sie nehmen den eigenen Namen wahr, hören, sehen und erleben, wie andere Menschen sich über ihre Anwesenheit freuen. Durch ergänzende und immer wiederkehrende Impulse, Lieder und Fingerspiele erfreuen sich die Kinder an ihren eigenen Leistungen und Möglichkeiten.
3. **Erlebnisse mit anderen Kindern**
   Der Morgenkreis hilft den Kindern, verschiedene Fähigkeiten zu spiegeln und nachzuahmen. Kinder in der Nestgruppe leben und agieren schon mit unterschiedlichen Kompetenzen, Vorlieben und Stärken. Sie entwickeln sich zügig.
   Eine Umsetzung und Nachahmung von Fertigkeiten ist in dieser sozialen Gemeinschaft schnell möglich.

Definition und Ablauf des Mittelkreises

Aufgrund der Tagesform von ein- und zweijährigen Kindern – mit dem Wechselspiel von Aktions- und Ruhebedürfnis – erreicht das Interesse und die Neugierde/Aufnahmebereitschaft der Kinder am Vormittag gegen 10.30 Uhr einen Höhepunkt. Diese Motivationsphase nutzen wir zur Gestaltung des „Mittelkreises“. Wie beim Morgenkreis bilden die Kinder im Raum eine Gesprächsrunde auf dem Teppich oder auf Sitzpads.

Als Ergänzung zum Morgenkreis wird die aktuelle Entwicklungs- und Interessensphase der Kinder intensiver beachtet. Aktuelle Erlebnisse vom Vormittag, Kindergeburtstage, der Jahreskreis oder die ersten Projektarbeiten bestimmen die Inhalte und auch den zeitlichen Ablauf des Mittelkreises. Er bereichert die individuelle Bildung und das Leben in der Nestgruppe mit Angeboten zur Auseinandersetzung mit Sprache, zur Wahrnehmung, Bewegung, zur Entwicklung der emotionalen und sozialen Kompetenzen. Die Inhalte und die Dauer des Mittelkreises erweitern sich im Laufe des Kindergartenjahres.

Bedeutung des Mittelkreises für die Kinder:
Der Mittelkreis funktioniert unter den gleichen Rahmenbedingungen wie der Morgenkreis und ergänzt diesen:

1. **Immer wiederkehrende Rituale und Orientierungen**
2. **Individuelle Bildungszeit**
   Ein- und zweijährige Kinder erhalten zu ihrem Leistungshöhepunkt im Tagesablauf Anregungen und Motivation, sich mit verschiedenen Lebensbereichen praktisch auseinanderzusetzen. Die Konzentrationsphase der Kinder – also die Zeitspanne der Beschäftigung – ist jedoch grundsätzlich intensiver als beim Morgenkreis. Immer wiederkehrende Fingerspiele, Fotokarten oder Lieder stabilisieren und unterstützen das individuelle Lernen.
3. **Erlebnisse mit anderen Kindern**
   Auch im Kreis von Ein- und Zweijährigen erleben die Kinder untereinander Vorbilder. Jedes Kind verfügt über besondere Stärken und Vorlieben. Der Mittelkreis unterstützt die Kinder im Nachahmen von Fähigkeiten und Fertigkeiten und vermittelt ihnen zeitnahe Erfolgserlebnisse.

Die Wickelzeit

Gerade die Wickelzeit bedeutet für Kinder und Erzieherinnen individuelle Bildungszeit. In dieser Phase ist das Zusammenspiel zwischen Erzieherin und Kind außergewöhnlich intim und individuell.

Zu keiner anderen Tageszeit verfügt das Kind über „seine Erzieherin“ allein und in keiner anderen Situation im Kindergartenleben ist man den Kindern so nahe und vertraut. In dieser intimen Situation sollten die Kinder immer mitbestimmen, wer sie wickeln darf, wer zuschaut oder wie der Ablauf der Körperpflege erfolgt. Besonders hilfreich ist ein Spiegel über dem Wickelbereich, sodass die Kinder nicht nur sich selbst wahrnehmen, sondern alle Pflegevorgänge visuell begleiten können. Die Bildungsboxen für den „Windelalarm“ enthalten viele Vorschläge, um den Wahrnehmungsbereich und die Körpererfahrung der ein- und zweijährigen Kinder zu fördern und sie hierfür zu sensibilisieren.

Teilgruppen und Freispiel

In Teilgruppen und im Freispiel können die Angebote den Entwicklungsphasen der Kinder entsprechend genutzt werden.

Hinweis zu den Massageangeboten

Bei Massagen ist es ganz wichtig, die Kinder vorher zu fragen, ob sie massiert werden möchten. Gehen Sie sensibel und vorsichtig bei der Massage vor.

Alle Massagen können auch als Schlangenmassage (s. S. 46) oder Partnermassage (s. S. 50) durchgeführt werden. Der Fantasie sind hierbei keine Grenzen gesetzt.

Falls Sie in einer Einrichtung ohne Nestgruppe – also ausschließlich mit altersgemischten Gruppen – arbeiten, empfiehlt es sich, die Unter-3-Jährigen zu den Spielen zusammenzurufen. Ältere Kinder, die Interesse zeigen, sind natürlich jederzeit eingeladen, mitzumachen.

Die Bildungsuhr der Zweijährigen

Die vorliegende Mappe ergänzt die Veröffentlichung „Die Bildungsuhr der Zweijährigen – Eine Nestgruppe in der Kita einrichten, begleiten und beleben“, erschienen im BVK Buch Verlag Kempen GmbH, 2011. Die Angebote in diesem Heft eignen sich hervorragend für die einzelnen Entwicklungsphasen der Kleinkinder.

Alle Bildungsboxen sind auch für die Arbeit mit einjährigen Kindern geeignet.

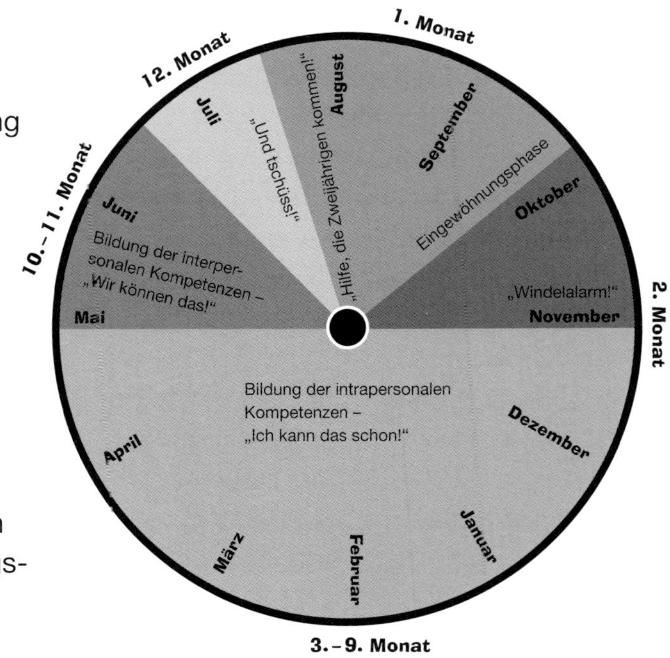

Die Mappe bietet ein- und zweijährigen Kindern „Spiel, Spaß und Aktion“ für folgende Entwicklungsstufen im Kindergartenleben:

Eingewöhnungsphase:

In den ersten Wochen eines neuen Kindergartenjahres herrscht noch große Aufregung. Vieles ist den Kindern unbekannt, insbesondere die neuen Bezugspersonen, die Größe der neuen Gemeinschaft und die Weite und Vielfältigkeit der Räumlichkeiten. Die Welt der Kinder steht buchstäblich auf dem Kopf.

Die Erzieherinnen sind mit der Betreuung der anfangs noch fremden Kinder beauftragt und bauen Vertrauen zu ihnen und ihren Eltern auf. Das professionelle Vorbildverhalten der Erzieherin, ihre Erreichbarkeit und ihre Zuwendung sichern den Übergang vom Elternhaus zum Kindergarten und die Bereitschaft der Kinder, sich auf das Leben in der Gemeinschaft einzulassen. Für diese Zeit empfehlen wir die Bildungsbox „Ich bin da und du bist da“, S. 8.

„Windelalarm!“:

Diese Phase beschreibt das Autonomiestreben, die Trotzphase der Kinder. Kinder in diesem Alter möchten ihre Wirkungsmacht erproben, sie möchten ihren eigenen Willen spüren, ohne dass wir ihnen das Gefühl vermitteln, ein schlechtes Gewissen haben zu müssen.

Kinder in diesem Alter sind ganz bei sich und der eigenen Aktion, sie verfügen noch nicht über die Möglichkeit, empathisch oder vorausdenkend zu agieren. Das Leben und Lernen in der Kita geschieht im sozialen Kontext mit vielen anderen Kindern. Für die Erzieherin bedeutet dies, die Identität der Kinder zu wahren, die Kinder in ihrem Autonomiestreben zu stärken und sie zusätzlich in das Gruppenleben mit seinen Regeln und Werten zu integrieren.

Die Bildungsboxen „Wir räumen auf“ (S. 15) und „Wickelbox“ (S. 19) füllen diese Phase mit Inhalten und Erlebnissen.

„Ich kann das schon!“:

Ein- und zweijährige Kinder verfügen über eine große Entdeckerfreude und experimentieren gerne mit ihren Fähigkeiten und Fertigkeiten. Bei ihrem Denken und Handeln stellen sie ihre eigene Person in den Vordergrund. Ihre Erkenntnisse gewinnen sie anhand von praktischer Auseinandersetzung mit der Umwelt und den dazugehörigen Personen. Hier greift das Prinzip von Maria Montessori: „Hilf mir, es selbst zu tun.“

Im Gegensatz zu Erwachsenen denken die Kinder jedoch vom Großen zum Kleinen, vom Ganzen zum Detail: Alles, was vier Beine hat, ist vielleicht erst ein Hund, egal ob es sich hierbei um eine Katze oder ein Pferd handelt. Erst nach und nach werden die genaueren Merkmale erkannt und zugeordnet. Diese Erkenntnisse können wir den Kindern nicht anhand von theoretischen Erklärungen vermitteln. Sie müssen Dinge und Umstände vielmehr selbst erleben, um eine Beziehung zu ihnen aufbauen und diese anschließend geistig verinnerlichen zu können. Hier greift das Prinzip: „Hand, Herz, Verstand." Die „Geburtstagsbox" (S. 26), die „Regenbox" (S. 30) und die „Verschwindebox" (S. 35) unterstützen die Kinder darin, die Welt zu „be"greifen.

„Wir können das!":

Ein- und Zweijährige spielen meist nebeneinander mit vergleichbaren Spielmaterialien. Das Parallelspiel mit und ohne Blickkontakt ist die häufigste Aktionsform in diesem Alter.[1] Erst Mitte des dritten Lebensjahres wächst der Wunsch nach komplexem Rollenspiel. Während bisher der Fokus der Kinder auf der eigenen Auseinandersetzung mit der Umwelt lag, entdecken sie nun ihre Freude an Spielpartnern und gemeinsamen Aktionen. Je mehr die nun angebotenen Spielmaterialien oder Spielimpulse zur Gemeinschaft einladen, desto interessanter sind sie für die Kinder und desto motivierter ist deren Beteiligung. Die Kinder genießen den schnellen Wechsel von Materialien, Spielorten oder Spielpartnern.
Einfache Regeln, überschaubare Spielabläufe, Wartezeiten aushalten, Hilfestellungen geben und annehmen, fördern die sozialen Kompetenzen und befriedigen die Bedürfnisse der Kinder. Die „Bewegungsbox" (S. 39) sowie die „Freundebox" (S. 46) greifen diese Bedürfnisse auf.

„Und tschüss!":

Je nach Kindergartenkonzept werden die Kinder erst mit Eintritt des dritten Lebensjahres in die altersgemischten Gruppen integriert. Die Kinder verlangen dann nach mehr Aktions- und Spielmöglichkeiten, sie möchten Neues entdecken.
Die „Mutmachbox" (S. 51) lädt ältere und jüngere Kinder zur Kontaktaufnahme ein und unterstützt sie in ihrer Entwicklung.

Selbstverständlich eignen sich alle Angebote auch für altersgemischte Kindergartengruppen.

1 Vgl. Howes & Mathes, in: Kindergarten heute: Vom Säugling zum Schulkind, S. 28

„Ich bin da und du bist da“

In der Eingewöhnungsphase genießen die Kinder es, wenn die Spielimpulse auf Bekanntem aufbauen, wenn die Kinder selbst in den Mittelpunkt gestellt werden und neue Erkenntnisse gewinnen. Regeln und Orientierungen unterstützen das einzelne Kind und die Gemeinschaft der Kinder.
Die nachfolgenden Ideen berücksichtigen all diese Bedürfnisse und regen die Ein- und Zweijährigen an, ihre Fähigkeiten einzusetzen, mit ihnen zu experimentieren und das neue Umfeld zu erobern. Sie geben den Kindern die Möglichkeit, andere Kinder im Spiel zu beobachten, ihre Kenntnisse zu erweitern und vor allem den Tagesablauf mit Spiel, Spaß und neuen Anregungen zu erleben.
Die nachfolgenden Impulse vermitteln den Kindern ein Gefühl von „Schön, dass du da bist“ und heißen sie herzlich willkommen im Kreis der Kindertageseinrichtung. Eine gute Eingewöhnungsphase ist grundlegend für alle weiteren Lernprozesse der Kinder.

Spielideen und Hinweise für die Box „Ich bin da und du bist da“
Material: Musikinstrument, z. B. eine Triangel oder ein Glöckchen
Mit diesem Musikinstrument sollte jeden Morgen zur gleichen Zeit der Morgenkreis angekündigt werden.

Material: Handpuppe
Über die Handpuppe entwickeln die Kinder schneller Vertrauen im Umgang mit den Erzieherinnen und zu ihrer neuen Umgebung. Sie begleitet die Kinder das ganze Kindergartenjahr hindurch in den unterschiedlichsten Situationen.

Material: laminierte Fotos der Kinder und der Erzieherinnen, Erkennungszeichen der Kinder, eine Dose oder Schachtel mit der Gruppenbezeichnung

Alle Fotos liegen offen in der Kreismitte. Die Kinder und Erzieherinnen dürfen nun nacheinander ihr eigenes Bild / Erkennungszeichen heraussuchen und festhalten, bis alle ihr Bild / Erkennungszeichen gefunden haben. Danach kann man wie folgt vorgehen:

1. Man schaut nach, wer fehlt: Welches Bild liegt noch in der Mitte?
2. Alle singen das Begrüßungslied (s. S. 10). Derjenige, der besungen wird, legt sein Bild / sein Erkennungszeichen in die Dose / Schachtel.

Weitere Spielideen und Hinweise für die Eingewöhnungszeit

- Willkommensgirlande und Namensschilder am ersten Tag zur Begrüßung an die Gruppentür hängen.
- Poster mit leeren Gesichtern. Hier Fotos der Kinder hineinkleben und so ein Gruppenbild herstellen.
- Geburtstagskalender
- Fototaschen aus Kunststoff können mit den Fotos der Kinder bestückt und als Raumteiler eingesetzt werden.
- Fotobuch mit Bildern von allen Kindern der Gruppe
- Memory mit Fotos als Gruppenspiel
- Fotos der Kinder auf die Garderobenbank kleben, um die Orientierung für die Kinder zu erleichtern.
- Trösterbuch: Die Eltern können während der Eingewöhnungszeit ein kleines Fotobuch mit Fotos von der Familie oder den Dingen, die den Kindern wichtig sind, gestalten. Dieses kann später als „Tröster“ eingesetzt werden und unterstützt so die Sprachentwicklung der Kinder.
- Eigene Bettwäsche / Kleidung von Mama und Papa: Kinder fühlen sich in eigener Bettwäsche / eigenen Schlafsäcken oder auch mit Mamas T-Shirt wohler und finden dadurch leichter in den Schlaf.
- Ein Rucksack am Bett ist eine praktische Aufbewahrungsmöglichkeit für die Schlafkleidung usw.
- Handspiegel: Einsetzbar beim Lied und Reim über das Gesicht (s. S. 11 / 12). Alternativ kann der Spiegel den Kindern beim Wickeln in die Hand gegeben werden.
- Bücher und Plakate nach den Vorlieben der Kinder auslegen / aufhängen. Dies erleichtert die Kontaktaufnahme.
- Sicherheitsspiegel an Wand oder Schrank bietet den Kindern die Möglichkeit, sich darin zu beobachten und wahrzunehmen.

BVK KI27 • Angelika Hüskes/Doro Leenen: „Entdecken – Fühlen – Spielend lernen“

Lied: „Wir sitzen im Kreis“

Handlungsidee: *Beim Singen mit dem Zeigefinger einen großen Kreis zeigen. Immer nur vier Kinder mit dem Namen besingen, ihnen zuwinken und dann den Refrain singen.*

Handlungsideen für die Kinder:

1. Den Nachbarn immer dann streicheln, wenn sein Name gesungen wird.

2. Die Kinder können beim Singen ihres Namens winken.

3. Kognitiv weit entwickelte Kinder können schon ihren Namen mitsingen.

© überliefert

BVK KI27 • Angelika Hüskes/Doro Leenen: „Entdecken – Fühlen – Spielend lernen“

Lied „Ich bin da, und du bist da“

2. Ich klatsche mit, und du klatschst mit …
3. Ich sag „Hallo“, und du sagst „Hallo“ …
4. Ich ruf „Hurra“, und du rufst „Hurra“ …

Handlungsidee:

zu 1.: Mit dem Zeigefinger erst auf sich, dann immer auf ein Kind zeigen. Am Ende einen Kreis andeuten.

zu 2.: wie oben bereits beschrieben: mit klatschen

zu 3.: bei „Hallo“ winken

zu 4.: bei „Hurra“ beide Arme hochwerfen

© überliefert

Lied: „Hallo und guten Morgen"

1. Tür auf, Tür zu, putz den Dreck von deinem Schuh. (2 x sprechen)
2. Dann die warmen Stiefel aus, puh, da kommt ja Stinkluft raus. (2 x sprechen)
3. Und noch einmal kräftig gähnen, wer hat Haare auf den Zähnen? (2 x sprechen)
4. Ohren wackeln, hebt das Bein, Frühgymnastik, das muss sein. (2 x sprechen)

Handlungsidee:

zu Refrain: Mit beiden Händen eine sich öffnende Tür darstellen.

zu 1.: Über die Füße streichen.

zu 2.: Erst pantomimisch einen Stiefel ausziehen und sich dann die Nase zuhalten.

zu 3.: Sich recken und dann auf die Kinder zeigen.

zu 4.: An Ohren zupfen, die Beine einzeln anheben, beide Arme nach vorn und zur Seite strecken.

Lied: „Über das Gesicht"

Handlungsidee:

Beim Singen auf die entsprechenden Körperteile zeigen.

BVK KI27 • Angelika Hüskes / Doro Leenen: „Entdecken – Fühlen – Spielend lernen"

BVK KI27 • Angelika Hüskes / Doro Leenen: „Entdecken – Fühlen – Spielend lernen“

Begrüßungsfingerspiel

Ich grüße alle und sage „Hallo“, schön euch zu sehen, ich freue mich so.	*Auf sich zeigen, mit dem Zeigefinger auf alle Kinder zeigen. Beide Hände auf das Herz legen.*
Dir geb ich die Hand, dich lache ich an, dir winke ich zu, so wie es jeder kann.	*Einigen Kindern die Hand reichen. Einige Kinder anlächeln. Einigen Kindern zuwinken.*
Ich grüße alle und sage „Hallo“, schön euch zu sehen, ich freue mich so.	*Auf sich zeigen, mit dem Zeigefinger auf alle Kinder zeigen. Beide Hände auf das Herz legen.*

© Doro Leenen

BVK KI27 • Angelika Hüskes / Doro Leenen: „Entdecken – Fühlen – Spielend lernen“

Reim über das Gesicht (Mund)

Schau dich mal im Spiegel an, was dein Mund so machen kann. Er kann lachen: ha, ha, ha, er kann weinen: hi, hi, hi, er kann schmollen: mh, mh, mh, schau dich mal im Spiegel an, ob dein Mund auch lachen kann.	*Den Kindern einen Handspiegel in die Hand geben, damit sie sich anschauen und die Mundbewegung nachahmen können.*

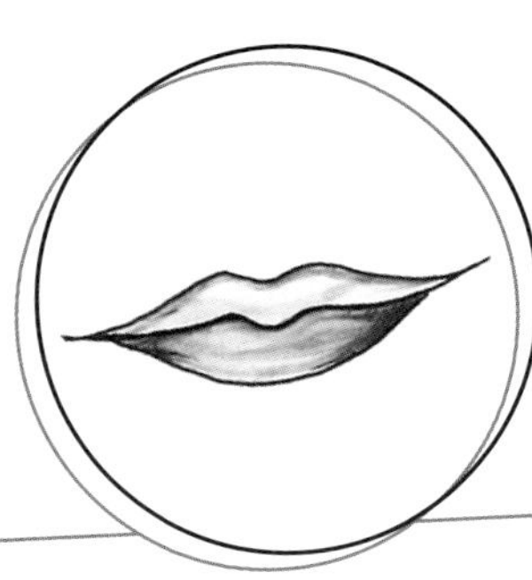

© Doro Leenen

Massage zur Begrüßung: „Kommt ein Mann …"

Kommt ein Mann die Treppe rauf,
klingelt an, klopfet an,
guten Tag Herr Nasenmann!

Mit den Fingern über Bein, Bauch, Arm nach oben laufen, am Ohr etwas zupfen, an der Stirn anklopfen und dann an der Nase ziehen.

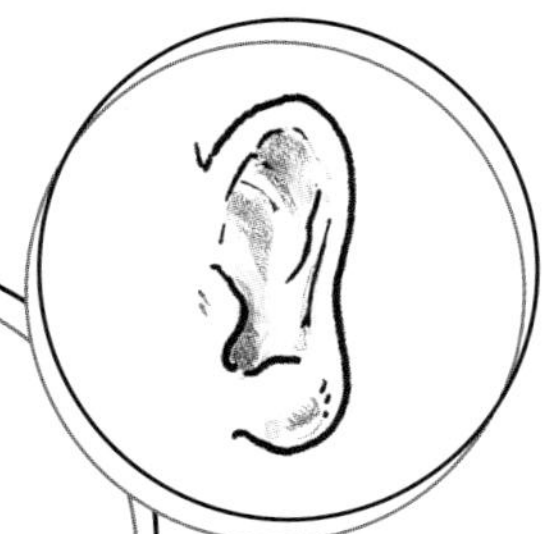

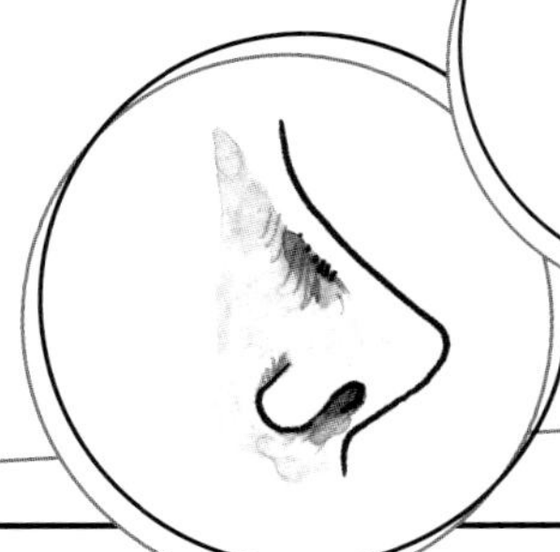

© überliefert

BVK KI27 • Angelika Hüskes / Doro Leenen: „Entdecken – Fühlen – Spielend lernen"

Fußmassage zur Begrüßung: „Eine kleine Kitzelmaus"

Eine kleine Kitzelmaus,
kommt aus ihrem Haus heraus,
sagt: „Guten Tag, dicker Zeh,
tut dir etwas weh?
Auch dir und dir sag ich ‚Hallo',
dem nächsten Zeh und auch diesem
Floh."
Und zum Schluss, kitzelt die Maus
alle Zehen einmal aus.

Mit den Fingerspitzen über die Fußsohle krabbeln.
Den großen Zeh etwas drücken.

Die anderen Zehen der Reihe nach drücken bis zum kleinen Zeh.

Alle Zehen kitzeln.

© Doro Leenen

Zungengeschichte: „Willi, der Hund"

Da kommt Willi, der Hund.	*hecheln*
Willi hat Hunger und bekommt einen Knochen.	*schmatzen*
Doch jetzt hat Willi Durst und will Wasser trinken.	*beim Schmatzen die Zunge aus dem Mund schauen lassen*
Willi hat etwas geschlabbert und leckt seine Schnauze ab.	*mit der Zunge links und rechts lecken*
Auch auf seine Nase ist ein Tropfen gekommen.	*versuchen, mit der Zunge die Nase zu erreichen*
Jetzt ist Willi satt und müde.	*bellen*
Er legt sich auf die Decke und schläft ein.	*schnauben*

Zungengeschichte: „Eine kleine Maus"

Eine kleine Maus schaut aus ihrem Fenster raus.	*Die Zungenspitze erst vorsichtig, dann ganz herausstrecken.*
Sie schaut nach rechts.	*Zunge nach rechts strecken.*
Sie schaut nach links.	*Zunge nach links strecken.*
Sie schaut auch geradeaus.	*Zunge nach vorn herausstrecken.*
Da kommt die Katze, ach du Schreck! Und die Maus ist wieder weg.	*Die Zunge schnell im Mund verschwinden lassen.*
Sie hat Angst und zittert sehr.	*Von innen an einer Wange schnelle Zungenbewegungen machen.*
Läuft im Haus immer hin und her.	*Von innen die Wangen schnell wechseln.*
Der Katze ist es langweilig und sie geht einfach weg. Und die Maus traut sich wieder aus ihrem Versteck.	*Vorsichtig die Zungenspitze hervorschauen lassen.*
Erst schaut sie vorsichtig, sie ist ja nicht dumm, schaut rechts und links und rundherum.	*Zunge nach rechts und nach links strecken*
Die Katze ist weg, die Geschichte ist aus,	*und nun über die Lippen lecken.*
und die Maus geht wieder in ihr Haus.	*Zunge in den Mund zurücknehmen.*

BVK KI27 • Angelika Hüskes / Doro Leenen: „Entdecken – Fühlen – Spielend lernen"

„Wir räumen auf“

Spielideen und Hinweise für die Box „Wir räumen auf“
Material: Schachtel mit einer Handpuppe
Die Handpuppe erzählt, wen sie beim Aufräumen beobachten konnte und erklärt dieses Kind / diese Kinder zu Aufräumkönigen. Sie verleiht ihnen z. B. eine unsichtbare Krone.

Material: Spielsachen aus der Gruppe wie Bauklotz, Teller aus der Puppenecke, Ball aus der Ballkiste, Buntstifte usw.
Alle Spielsachen werden in die Mitte gelegt. Die Kinder werden nun einzeln gebeten, ein Teil zu nehmen und an den richtigen Platz zu räumen.
Wenn der Platz richtig ist, singen und klatschen wir „Ja, das stimmt genau“ (s. S. 17).
Dieses Spiel eignet sich auch, wenn nicht alles aufgeräumt ist. Sammeln Sie einfach die Gegenstände ein, die noch in den Spielecken herumliegen. Dann können sie in den Kreis gelegt und mit den Kindern weggeräumt werden.

Material: Fotos von Gegenständen aus der Gruppe, z. B. von einer Puppe, von Bauklötzen usw.
Die Erzieherin hält die Fotos in der Hand. Jedes Kind bekommt nun nacheinander ein Foto, darf den Gegenstand darauf suchen und ihn zusammen mit dem Foto in die Kreismitte legen. Bei zu vielen Kindern dürfen immer zwei Kinder gleichzeitig gehen.

Material: einige Spielsachen aus dem Gruppenraum (Auto, Puppe usw.) / Fotos der Spielsachen
Je nach Entwicklungsstand der Kinder die Anzahl der Spielsachen variieren und in die Mitte legen. Alle Spielsachen mit den Kindern anschauen und benennen. Die Fotos ebenfalls anschauen und auf eine Seite legen. Ein Kind geht nun in den Nebenraum (zu Beginn bitte mitgehen). Nun darf ein anderes Kind einen Gegenstand aus der Mitte nehmen und hinter sich legen (die Kinder verstecken auch gern etwas unter dem Pulli). Durch Klatschen das Kind aus dem Nebenraum wieder in die Kreismitte bitten.
Aufgabe für dieses Kind ist es, herauszufinden, was fehlt. (Bei mangelndem Sprachschatz die Fotos als Hilfestellung benutzen.)

Material: Spiele, z. B. Puzzle, Schale mit Stiften, Tablett mit Tellern (aus der Puppenecke) usw.
Alle Spiele in der Kreismitte auf eine Seite legen. Aus jedem Spiel ein Teil oder auch mehrere (je nach Anzahl der Kinder) herausnehmen und auf die andere Seite legen. Nun darf jedes Kind nacheinander ein Teil den Spielen zuordnen.

Material: Koffer, Kinderkleidung in den Größen ab 110
Den Koffer mit der Kleidung füllen, so kann er immer als Verkleidungskoffer genutzt werden. Etwas zu große Kleidung lässt sich leichter an- und ausziehen.

Material: verschiedene Spielsachen aus dem Gruppenraum
Die Spielsachen aus dem Gruppenraum in die Mitte legen. Nun werden wieder einzelne Kinder gebeten, ein Spielzeug an den richtigen Platz zu räumen.
Um welches Spielzeug es sich handelt, wird durch ein Rätsel vermittelt.
Hier ein paar Beispiele:
„Bitte räume das Spielzeug weg, das ‚tut tut' machen kann." (Auto)
„Bitte räume das Spielzeug weg, mit dem du malen kannst." (Stift)
„Bitte räume das Spielzeug weg, das ‚Mama' sagen kann." (Puppe)

Der Fantasie sind hierbei keine Grenzen gesetzt. Falls ein Kind nicht auf die Lösung kommt, darf die Erzieherin ruhig mehrere Tipps geben oder auch die Lösung sagen. Es ist wichtig, dass jedes Kind Erfolg erlebt und kein Kind das Gefühl bekommt, etwas falsch zu machen.

Erkennungsmelodie zum Aufräumen: „Eins, zwei, drei“

Lied: „Ja, das stimmt genau“

BVK KI27 • Angelika Hüskes / Doro Leenen: „Entdecken – Fühlen – Spielend lernen

Fingerspiel zum Aufräumen

Der Kleine hier sagt immer: „Nein,
Aufräumen mag ich nicht, mach doch
allein.“

Den kleinen Finger berühren.

Ganz dicht daneben, dieser Wicht,
ruft laut: „Das war ich aber nicht.“

Den Ringfinger an den kleinen Finger drücken und zeigen.

Der lange Piet steht einfach da,
und sagt: „Mama, Mama.“

Den Mittelfinger zeigen.

Der hier sagt: „Jetzt ist Schluss,
weil doch aufgeräumt werden muss.“

Mit dem Zeigefinger „Nein, Nein“ zeigen.

Der Dicke, seht, freut sich und lacht:
„Das habt ihr wirklich gut gemacht.“

Den Daumen hochhalten (Super!).

Reim vom Aufräumen

Alle Mann, nichts wie ran,
jeder räumt so schnell er kann.
Bauklotz hier, Auto dort,
alles an den richtigen Ort.
Laut gelacht, gut gemacht!

Massage: „Wir räumen auf“

Oh, oh, wie sieht es denn hier aus? Überall liegen Spielsachen herum. Da und hier, und hier und da. Hier liegt ganz viel und hier auch. Da hol ich mal schnell eine große Kiste.	*Mit den Fingerkuppen überall den Rücken antippen.* *Mit beiden Händen eine große Kiste andeuten und auf den Rücken „stellen“.*
Ja, da passt alles hinein. Zuerst hole ich mir mal die Bausteine. Wo liegen die nur überall? Hier ist einer und da.	*Mit den Fingern verschiedene Stellen berühren, vorsichtig zupfen und in die Kiste legen.*
Da liegt ja noch eine Puppe. Schnell in dein Bettchen und schlafe schön.	*Mit beiden Händen etwas vom Rücken anheben und an einer anderen Stelle wieder ablegen.*
Und hier sind ja noch Autos.	*Mit einer Hand Fahrbewegungen nachahmen.*
Schau, alles ist nun aufgeräumt und es liegt nichts mehr herum, alles ist in der Kiste. *(Der Fantasie freien Lauf lassen und weitere Ideen sammeln.)*	*Mit beiden Händen über den Rücken streichen.*

„Wickelbox“

Entwicklungsbedingt sind ein- und zweijährige Kinder noch nicht in der Lage, bewusst und langfristig ihren Urin oder Stuhlgang zu kontrollieren. Erst gegen Ende des dritten Lebensjahres beginnt die Zeit, in der die Kinder ihre Blase und ihren Darm kontrollieren können. Mit einem Reifungsschritt zwischen dem 18. und 30. Monat reagieren die Dehnungsrezeptoren auf die Weitung der Blasenwand oder des Darms und geben diese Informationen an das Gehirn weiter. Ein vorzeitiges „Sauberkeitstraining“ ist für Kinder ebenso belastend wie ein Ignorieren dieser Entwicklungsphase.
Das Wickeln ist sehr intim, Erzieherinnen / Eltern sollten sensibel mit den Empfindungen der Kinder umgehen. Dabei sollten auch die äußeren Umstände stimmen: ein gut durchlüfteter Raum mit angenehmer Temperatur, richtig temperiertes Waschwasser und Pflegeartikel in greifbarer Nähe. Äußere Störungen, wie z. B. Führungen von Besuchern, müssen vermieden werden.
Der Wickelvorgang wird durch Massagen, Zuwendung und Sprache zu einem Bildungserlebnis für die ein- und zweijährigen Kinder. Pflegespiele und Massagen sollten bei dieser Altersgruppe immer am Kopf beginnen – diese Berührung empfinden die Kinder meist als sehr angenehm. Die Kinder erleben in dieser Pflegephase ein hohes Lustempfinden, spielen an und mit ihren Genitalien, was bei Jungen bis zu Erektionen führen kann. Dieses Spiel ist entwicklungsgerecht und wichtig für die Erfahrung eines gesunden Körpergefühls. Jedoch ist das Wickeln bei Jungen mit Erektionen äußerst schmerzhaft, eine Wickelpause mit Ablenkung sollte eingelegt werden.

Wichtig: Falls andere Kinder beim Wickeln zuschauen möchten, muss immer erst das zu wickelnde Kind um Erlaubnis gefragt werden.

Die Massage „Wir räumen auf“ von S. 19 eignet sich ebenfalls sehr gut für die Wickelbox.

Spielideen und Hinweise für die „Wickelbox“

Material: Puppe und Puppenwindel, Decke

Da sich die Kinder anfangs nicht so gerne wickeln lassen, bietet es sich an, das Wickeln spielerisch an einer Puppe zu demonstrieren.

Material: Plastikbox

Hängen Sie die Plastikbox neben der Wickelkommode an die Wand. Massagen, Finger- und Fußspiele usw. können laminiert und in dieser Box aufbewahrt werden. So sind sie jederzeit einsatzbereit.

Material: verschiedene Massagebälle

Diese können beim Wickeln zum Massieren eingesetzt oder den Kindern einfach nur zum Spielen in die Hand gegeben werden.

Material: Spiegel

Bringen Sie den Spiegel über der Wickelkommode an, sodass die Kinder sich beim Wickeln darin beobachten können.

Lied: „Händewaschen“

© überliefert

Lied: „Himpel und Pimpel“

2. Himpel läuft nach rechts hin,
Pimpel hinterher.
Beide kommen wieder,
laufen ist so schwer.

Refrain

3. Himpel will jetzt tanzen,
Pimpel hinterher.
Beide werden müde,
tanzen ist so schwer.

Refrain

Text und Musik: Detlev Jöcker, aus: Komm, du kleiner Racker

BVK KI27 • Angelika Hüskes / Doro Leenen: „Entdecken – Fühlen – Spielend lernen“

BVK KI27 • Angelika Hüskes / Doro Leenen: „Entdecken – Fühlen – Spielend lernen“

Fingerspiel: „Familie Maus“

Das ist Papamaus.
Sieht aus wie jede Maus:
große Ohren,
spitze Nase,
weiches Fell,
und einen Schwanz, so lang.

Das ist Mamamaus.
Sieht aus wie jede Maus … *s. o.*

Das ist Brudermaus.
Sieht aus wie jede Maus … *s. o.*

Das ist Schwestermaus.
Sieht aus wie jede Maus … *s. o.*

Das ist Babymaus.
Sieht nicht aus wie jede Maus:
kleine Öhrchen,
stumpfes Näschen,
nackte Haut,
und einen Schwanz, so klein.

Den Daumen der linken Hand zeigen.
Mit der Hand abwinken.
Mit beiden Händen große Ohren zeigen.
Eine spitze Nase zeigen.
Über den Arm streichen.
Die Arme weit auseinanderhalten.

Den Zeigefinger zeigen.
s. o.

Den Mittelfinger zeigen.
s. o.

Den Ringfinger zeigen.
s. o.

Den kleinen Finger zeigen.
Zeigefinger hin- und herbewegen.
Kleine Ohren andeuten.
Mit der Handfläche die Nase plattdrücken.
Mit der Hand über die Haut streichen.
Mit Daumen und Zeigefinger kleines Schwänzchen zeigen.

BVK KI27 • Angelika Hüskes / Doro Leenen: „Entdecken – Fühlen – Spielend lernen“

Fingerspiel: „Handfamilie“

Fünf Finger hat die Hand, schau her,
komm, wir zählen, das ist nicht schwer.
1, 2, 3, 4, 5.
Alleine sind es nur fünf Finger,
lauter lustige Wackeldinger.
Doch zusammen sind sie eine Hand,
können zusammen so allerhand.
Können malen, greifen, klatschen,
manchmal auch in Pfützen patschen.
Fünf Finger hat die Hand, schau her,
komm, wir zählen, das ist nicht schwer.
1, 2, 3, 4, 5.

Die ganze Hand zeigen.
Langsam zählen und jeden einzelnen Finger vom Kind berühren.
Mit den Fingern wackeln.

Die ganze Hand umfassen.

Mit der Hand die entsprechenden Bewegungen andeuten.
s. o.

Reim: „Händewaschen"

Vor dem Essen nach dem Essen,
Händewaschen nicht vergessen.
Musst du dann auf die Toilette,
Händewaschen um die Wette.

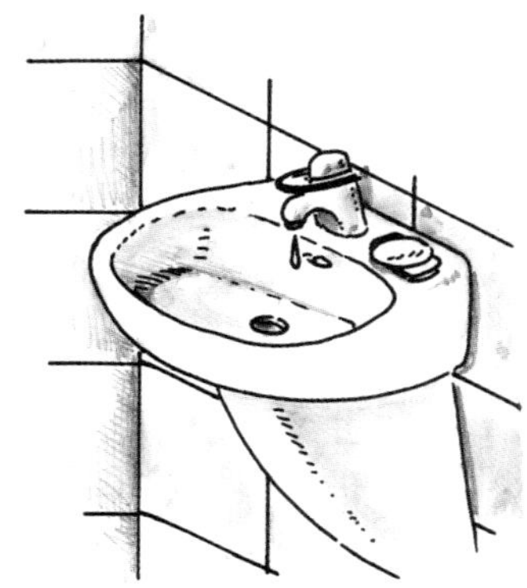

© überliefert

BVK KI27 • Angelika Hüskes / Doro Leenen: „Entdecken – Fühlen – Spielend lernen"

Fußspiel: „Fußfamilie"

Der dicke Zeh, wackelt hin und her. Dem Zweiten fällt das auch nicht schwer.	*Die einzelnen Zehen berühren und die entsprechende Bewegung machen.*
Der Dritte macht sich einmal krumm, Dem Vierten ist das alles zu dumm. Der Fünfte hier, der kleine Schlumpf,	
versteckt sich lieber in deinem Strumpf.	*Einen Strumpf über den Zeh ziehen.*

© Doro Leenen

Massage: „Punkt, Punkt, Komma, Strich“

Punkt, Punkt, Komma, Strich,
fertig ist das Mondgesicht.
Noch zwei Ohren hier und da,
und am Kopf noch Stoppelhaar.
Doch jetzt streicheln wir den Bauch,
denn der / die *(Name des Kindes)* will
das auch.

Mit Creme auf den Bauch Augen, Nase und einen lachenden Mund malen. Ohren und Haare dazumalen.

Creme über dem Bauch verstreichen.

Massage mit einem Ball

Roll, mein Ball, roll hin und her,
rolle kreuz und rolle quer,
spiel mit mir den ganzen Tag,
weil ich dich so gerne mag!

Mit einem weichen Ball über den Körper des Kindes rollen.

***(Tipp:** unterschiedliche Bälle verwenden)*

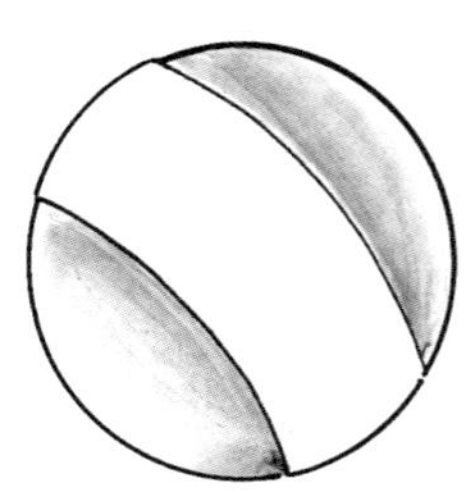

Massage mit einem Backpinsel

Heute möchte ich Plätzchen backen.
Mit meinem Backpinsel streiche ich nun das Backblech ein.
Die Plätzchen dürfen ja nicht anbacken.
So groß ist das Backblech und überall muss ich das Öl verstreichen, ich darf keine Stelle auslassen. Hier muss ich noch einmal streichen und hier auch.
Und damit ich ganz sicher bin, streiche ich noch einmal kreuz und quer.
So, ich glaube, ich habe alles. Oder was meinst du, habe ich noch eine Stelle vergessen?

Mit dem Pinsel über Arme und Beine streicheln (der Bauch ist sehr empfindlich, hier nur sehr vorsichtig streicheln).

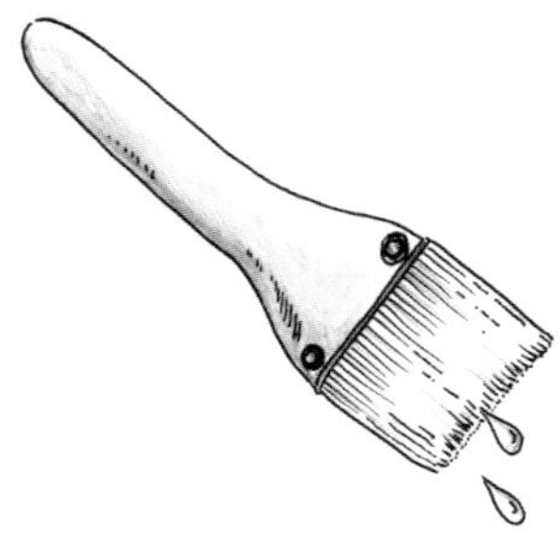

Alternative: Das Kind massiert sich selbst mit dem Pinsel.
Die Massage kann beliebig weitergeführt werden.

Pustespiel

Ganz sanft, ganz sanft, so weht der Wind,
über die Hand von diesem Kind.
Gefällt dir das, soll ich weitermachen,
oder musst du dabei zu viel lachen?
Ganz sanft, ganz sanft, so weht der Wind,
über den Fuß von diesem Kind.
Gefällt dir das, soll ich weitermachen,
oder musst du dabei zu viel lachen?
Ganz sanft, ganz sanft, so weht der Wind,
über den Bauch von diesem Kind.
Gefällt dir das, soll ich weitermachen,
oder musst du dabei zu viel lachen?

Sanft über die Hand pusten.

Auf Zustimmung warten.

Sanft über den Fuß pusten.

Auf Zustimmung warten.

Sanft über den Bauch pusten.

Auf Zustimmung warten.

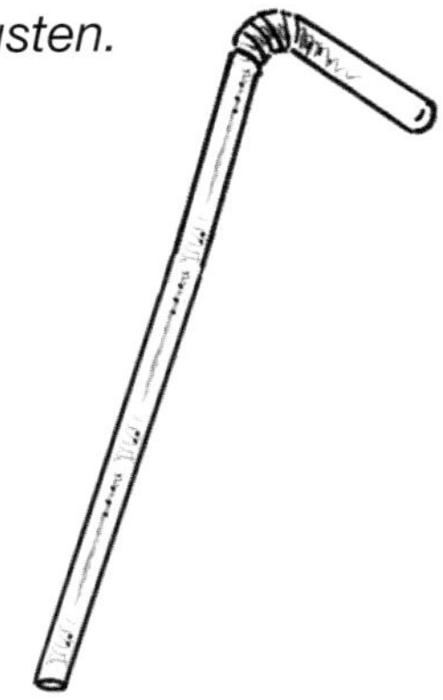

Alternative: Die Körperteile können auch mit einem Strohhalm angepustet werden. **(Tipp:** Geben Sie den Kindern auch einen Strohhalm. Halten Sie Papiertücher in greifbarer Nähe.)
Das Pustespiel kann beliebig erweitert werden.

© Doro Leenen

„Geburtstagsbox"

Der eigene Geburtstag ist für jedes Kind etwas Besonderes. Es ist vielleicht das erste Mal, dass sie ihn bewusst, allein ohne Eltern und mit einer ganzen Gruppe von Kindern feiern. Sie stehen im Mittelpunkt, dürfen erzählen, was sie zu Hause schon erlebt haben. Auch wenn man es einigen Kindern nicht unbedingt anmerkt, sie gewinnen an Selbstwertgefühl und erleben somit einen ganz besonderen Tag. Die Geburtstagsfeier kann natürlich ganz unterschiedlich gestaltet werden. Wichtig ist hierbei, dass die Form bei jedem Kind gleich sein sollte.
Die nachfolgende Idee ist nur ein Vorschlag, so wie wir den Tag mit den Kindern feiern.

Spielideen und Hinweise für die „Geburtstagsbox"

Im Vorfeld schmücken wir die Gruppentür mit einer Girlande, einer aufblasbaren Zahl und dem Namen oder Foto des Geburtstagskindes. Die Kinder können zwar noch nicht lesen, spüren jedoch anhand der Reaktionen von Eltern und Erzieherinnen, dass alles nur für sie geschmückt wurde. Wir feiern nie zwei Geburtstage gleichzeitig, es sei denn, beide Kinder haben tatsächlich am gleichen Tag Geburtstag. Wir frühstücken an diesem Tag gemeinsam und decken in der Gruppe eine lange Tafel. Zur Begrüßung bekommt das Geburtstagskind eine Krone auf den Kopf gesetzt.
Nach unserem Begrüßungslied sagt unsere Gruppenhandpuppe den Geburtstagsreim (s. S. 29) auf und stimmt ein Ständchen mit den Kindern an. Anschließend darf sich das Geburtstagskind zwei Freunde aussuchen und sich mit ihnen zusammen an den Frühstückstisch setzen. Hier kommt unser Geburtstagsstuhl zum Einsatz. Nun werden die Kerzen angezündet. Wir fangen stets gemeinsam an zu essen und hören auch möglichst gemeinsam auf. Nach dem Frühstück treffen sich später alle wieder auf dem Boden in unserem Mittelkreis. Die Kerzen werden auf einen kleinen Tisch in die Mitte gestellt. Das Geburtstagskind sitzt nun nicht, wie beim Morgenkreis, auf einem Sitzpad, sondern auf dem Geburtstagsstuhl. Gemeinsam singen wir noch einmal „Happy birthday to you".
Eine Erzieherin, die den Kreis leitet, stellt dem Geburtstagskind nun einige Fragen. Hier sind einige Beispiele: Möchtest du etwas erzählen? Hat dich deine Mama geweckt? Was hat die Mama gesagt? Hat die Mama ein Lied für dich gesungen? Hat der Papa auch mitgesungen oder war er schon zur Arbeit gefahren? Was gab es zum Frühstück, hast du vielleicht schon ein Stück Geburtstagskuchen gegessen? Stand auf dem Früh-

stückstisch vielleicht eine Kerze? Hast du schon ein Geschenk bekommen? Feierst du heute Nachmittag mit Oma und Opa Geburtstag?
Die Anzahl und Auswahl der Fragen ist beliebig erweiterbar und vom Entwicklungsstand und der Familiensituation des Kindes abhängig.

Nun lassen wir das Geburtstagskind hochleben. Dafür darf es sich drei Freunde aussuchen, die gemeinsam mit einer Erzieherin den Geburtstagsstuhl mit dem Geburtstagskind drei Mal hochheben. Dabei wird das Lied „Hoch soll sie / er leben" gesungen.
Anschließend überreicht ein Kind das Geburtstagsgeschenk vom Kindergarten. Alle sind natürlich neugierig und beobachten das Auspacken. Das Geburtstagskind darf nun einmal im Kreis herumgehen und jedem Kind sein Geschenk zeigen. Zum Ende der Geburtstagsfeier erfüllen wir dem Kind noch einen Wunsch. Zur Auswahl stehen hier Fingerspiele, Lieder, Geschichten und später auch Kreisspiele, wie z. B.: „Tuff, tuff, tuff, die Eisenbahn" (s. S. 48) usw. Nun darf das Geburtstagskind die Kerzen auspusten und die Feier ist beendet.

(**Hinweis:** In der Box haben wir auf die Lieder „Happy birthday to you", „Heute kann es regnen", „Hoch soll sie / er leben" verzichtet, da sie allgemein bekannt sein dürften.)

Weitere Ideen für die „Geburtstagsbox"
Material: Geburtstagsgirlande, aufblasbare Zahl
Im Vorfeld wird die Gruppentür mit der Girlande, der Zahl und dem Namen oder Foto des Kindes geschmückt.

Material: Geburtstagskrone
Das Kind darf die Krone den ganzen Tag tragen. Sie kann mit dem Gruppensymbol versehen werden.

Material: Schachtel mit Handpuppe
Die Handpuppe kann dem Kind auch gratulieren.

Material: Servietten, Kerzen
Decken Sie die Geburtstagstafel festlich mit entsprechend vielen Kerzen und Servietten. Suchen Sie auch weitere Dekoration für den Tisch zusammen.

Material: ein alter Stuhl (z. B. vom Sperrmüll)
Bemalen Sie (oder die Kinder) den Geburtstagsstuhl in bunten Farben.

Als Geburtstagsgeschenke eignen z. B. sich Tütenkasper, Seifenblasen oder Rasseln.

BVK KI27 • Angelika Hüskes / Doro Leenen: „Entdecken – Fühlen – Spielend lernen“

Lied: „Kräht der Hahn früh am Morgen“

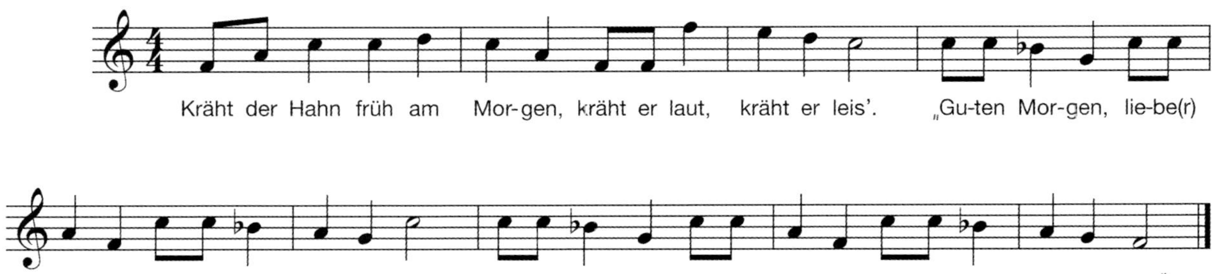

2. Kommt das Häschen angesprungen, macht ein Männchen vor Freud'.
„Guten Morgen, liebe(r) … dein Geburtstag ist heut.“ (2 x)

3. Steht der Kuchen auf dem Tische, macht sich dick, macht sich breit.
„Guten Morgen, liebe(r) … dein Geburtstag ist heut.“ (2 x)

4. Und der Vater und die Mutter, alle Kinder, alle Leut',
rufen hoch sollst du leben, dein Geburtstag ist heut. (2 x)

BVK KI27 • Angelika Hüskes / Doro Leenen: „Entdecken – Fühlen – Spielend lernen“

Geburtstagsfingerspiel

Alle Freunde groß und klein, wollen heute bei dir sein.	*Ganze rechte Hand zeigen.*
Der Erste singt: „Happy birthday to you!“	*Daumen der linken Hand zeigen.*
Der Zweite fragt: „Wie alt wirst denn du?“	*Zeigefinger der rechten Hand zeigen.*
Der Dritte hat dir eine Krone gebracht.	*Linken Mittelfinger kurz zeigen, dann mit beiden Händen pantomimisch eine Krone auf den Kopf setzen.*
Der Vierte hat ganz laut gelacht.	*Ringfinger der rechten Hand zeigen.*
Der Fünfte hier, hat schon am Tisch gesessen,	*Kleinen Finger der rechten Hand zeigen.*
und den Geburtstagskuchen allein gegessen.	*Bauch reiben.*

Geburtstagsgedicht: „Weil du heut' Geburtstag hast“

Weil du heut' Geburtstag hast,
sitzen wir im Kreis.
Essen Brötchen, Kuchen, Muffins,
manchmal Schokoladeneis.
Weil du heut' Geburtstag hast,
sitzen wir im Kreis.

Und die Kerzen auf dem Tisch
brennen ganz allein für dich.

Geburtstagsreim

Früh schon bin ich aufgewacht,
hab ein wenig nachgedacht.
Ach, was könnte heute sein,
ja da fiel es mir schon ein.
Geburtstag, Geburtstag feiern wir,
und alle deine Freunde gratulieren dir.

Geburtstagsmassage

Heute feiern wir Geburtstag. Alle deine Freunde sind gekommen. Oh, das sind aber viele.	*Mit den Fingern immer wieder über den Rücken laufen.*
Ich hole den Geburtstagskuchen, hm, lecker. Es ist ein Kuchen mit Gummibärchen.	*Mit beiden Händen einen runden Kuchen bilden und auf den Rücken leicht aufdrücken.*
Ich schneide den Kuchen in ganz viele Stücke, für alle Gäste.	*Mit der Handkante viele Stücke schneiden.*
Huch, da sind ja ein paar Gummibärchen heruntergefallen. Hm, die esse ich alle auf, da ist eins und da ist eins, oh, so viele.	*Mit zwei Fingern überall vorsichtig etwas zwicken.*
Ich decke den Tisch mit Tellern und mit Tassen.	*Mit den Fingerkuppen einer Hand Kreise auf den Rücken malen.*
Meine Freunde haben den ganzen Gummibärchenkuchen aufgegessen. Es liegen nur noch Krümel auf dem Tisch. Ich wische sie schnell weg.	*Mit beiden Händen über den Rücken wischen.*
Die Geburtstagsfeier ist nun aus und alle deine Freunde gehen wieder nach Haus'.	*Mit den Fingern über den Rücken laufen.*

„Regenbox"

Die realistische Auseinandersetzung mit der Natur und ihren Elementen prägt die frühe Kindheit, beginnend mit Sand, Matsch und der Faszination des Wassers. Mit unserer Regenbox möchten wir die Neugierde der Kinder wecken und das Erleben mit dem Element „Wasser" ermöglichen. Es empfiehlt sich, die Bildungsbox bei Regen einzusetzen, um einen Bezug zur Realität zu schaffen. Schön wäre es, mit den Kindern anschließend nach draußen zu gehen, um das Erleben des Regens zu intensivieren.

Spielideen und Hinweise für die „Regenbox“

Material: eine Tüte mit essbaren Schnüren

Nach dem Regenwurmfingerspiel dürfen die Kinder einen Wurm essen. Wer schafft es ohne Zuhilfenahme der Hände?

Material: ein dünner Faden

Ein Kind verlässt den Raum. In der Zeit wird der Regenwurm (Faden) im Gruppenraum abgelegt. Durch Klatschen wird das Kind wieder in die Kreismitte gebeten und darf nun den Wurm suchen.

Material: laminierte Fotos in zweifacher Ausführung von Regenpfützen, Regenbogen, Regen, Regentropfen, Regenwolken, Gewitterwolken, Blitzen usw.

Die Fotos liegen in der Mitte. Mit den Kindern alle Bilder gemeinsam anschauen, benennen und erklären. Jedes Kind darf nun nacheinander ein Paar heraussuchen und der Erzieherin geben.

Material: Stiefel, Regenschirm, Regenjacke und -hose sowie Kleidung, die man nicht bei Regen anzieht: Badehose, Sandalen, T-Shirt usw.

Die Kinder dürfen nacheinander Kleidungsstücke heraussuchen, die bei Regen angezogen werden. Die Kinder dürfen die Regenkleidung anziehen.

Material: Sprühflasche mit Wasser

Mit der Sprühflasche den Kindern auf die Hand sprühen, sie das Wasser spüren lassen und fragen, wie es sich anfühlt.

Material: Regenrohr, Bodentisch

Alle Kinder sitzen um einen Bodentisch herum. Die Erzieherin bewegt nun das Regenrohr und die Kinder dürfen je nach Regenstärke mit ihren Fingern den Regen auf dem Bodentisch trommelnd darstellen.

Material: Holzreifen

Die Kinder legen sich auf den Bauch und drücken ein Ohr auf den Boden. Der Holzreifen wird nun von der Erzieherin gedreht (wie ein Kreisel). Die Kinder hören ein leichtes „Grummeln“. Wenn der Reifen kippt und fällt, wirkt das Erlebnis noch intensiver.

Lied: „Pitsch und Patsch“

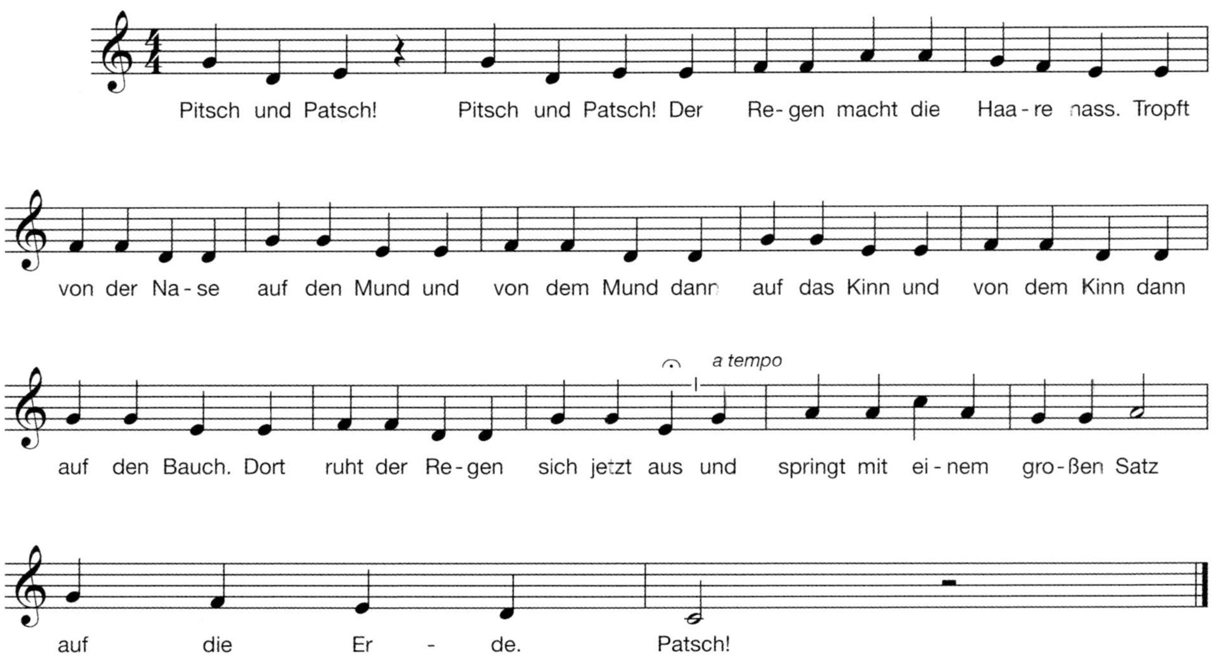

Handlungsidee:

Mit den Fingern den Weg des Tropfens anzeigen.

BVK KI27 • Angelika Hüskes / Doro Leenen: „Entdecken – Fühlen – Spielend lernen“

Fingerspiel: „Fünf kleine Fische“

Fünf kleine Fische, die schwammen im Meer,
da sagt der eine: „Ich mag nicht mehr.

Ich wär viel lieber in einem kleinen Teich,
denn im Meer, da schwimmt der Hai, und der
frisst mich gleich.“
Vier kleine Fische, die schwammen … *s. o.*
Drei kleine Fische … *s. o.*
Zwei kleine Fische … *s. o.*
Ein kleiner Fisch, der schwamm im Meer, und
sagt auf einmal: „Ich mag auch nicht mehr.
Ich wär viel lieber in einem kleinen Teich,
denn im Meer, da schwimmt der Hai, und der
frisst mich gleich.“
Ein großer Hai, der schwamm im Meer, und
sagt auf einmal: „Ich mag nicht mehr. Ich
wär viel lieber in diesem kleinen Teich, denn
da schwimmen fünf Fische, und die fress ich
gleich.“

Die Anzahl der Fische wird mit den Fingern angezeigt; Schwimmbewegungen mit den Händen machen.
Den Teich mit beiden Armen vor dem Körper darstellen.

Handlungsidee:

Alle stehen im Kreis. In der Mitte liegen fünf Fische, ein Hai und daneben ein blaues Tuch. Nach jeder Strophe wird ein Fisch auf das Tuch gelegt, um den Kindern die Anzahl der Fische zusätzlich zu veranschaulichen.

BVK KI27 • Angelika Hüskes / Doro Leenen: „Entdecken – Fühlen – Spielend lernen“

Bewegungs- und Fingerspiel: „Es regnet"

Es regnet, es regnet, die Erde wird nass.
Es regnet, es regnet, die Wiese wird nass.
Und alle Menschen, groß und klein,
gehen in ihre Häuser hinein.

Theo ruft: „Ich will nicht heim,
ich springe lieber in die Pfützen 'rein."
Lisa, die mag Regen auch,
landet mit dem runden Bauch
mitten in der Pfütze – patsch!
Alles voller Matsch.

Die Mama guckt,
die Lisa lacht,
der Regen hat alles saubergemacht.

Mit beiden Händen Regen darstellen.

Bei „groß" Hände nach oben halten,
bei „klein" Hände nach unten halten,
bei „Häuser" mit den Händen ein Dach darstellen.
Mit dem Zeigefinger „Nein, Nein" zeigen.
In die Hände klatschen.
Mit dem Kopf nicken.
Den Bauch streicheln.
In die Hände klatschen.
Mit beiden Händen vom Oberkörper bis zu den Beinen streichen und das Gesicht verziehen.
Mit Daumen und Zeigefinger eine Brille darstellen, lachen,
beide Hände zeigen nach außen.

Fingertheater: „Der kleine Regenwurm"

Ein kleiner Wurm, ganz klitzeklein,
schaut aus dem Loch und ruft: „Oh nein!"
Es regnet ja, das ist nicht gut,
ich hol mir schnell noch meinen Hut.
Jetzt rausch ich heraus und um die Ecke,
vielleicht versteck ich mich in der Hecke.
Oder hier oder dort, vielleicht an einem anderen Ort.
Nur weg vom Regen, den mag ich nicht.
Ups, jetzt lieg ich hier auf dem Gesicht.
Ich schleich mich lieber schnell mal weiter,
immer froh und immer heiter.
Schau, jetzt scheint die Sonne wieder,
ich lass mich auf die Erde nieder.
Such mein Erdloch, ja, sieh da,
in dem Beet, wo es immer war.
Nun hinein ins schöne Haus,
und die Geschichte ist nun aus.

Einen Faden aus der Faust herausschauen lassen. Mit dem Zeigefinger „Nein, nein" zeigen.

Den Faden aus der geschlossenen Faust herausziehen und auf die Schulter legen. Andere Stellen suchen wie Kopf, Ohr, Arm usw.

Den Faden auf die Nase legen.
Schneller über den Körper ziehen.

Über dem Kopf mit beiden Händen einen großen Kreis zeigen.

Den Faden über den Körper ziehen, wieder in die Faust hineinstecken.

BVK KI27 • Angelika Huskes / Doro Leenen: „Entdecken – Fühlen – Spielend lernen"

Massage: „Das Wetter“ (1)

Wir sind auf einer großen Wiese. Überall stehen kleine Gänseblümchen.

Über den ganzen Rücken streichen, kleine kreisende Bewegungen machen.

Hier und da, hier und dort. In der Mitte und am Wiesenrand, das ist eine richtige Gänseblümchenwiese.

An verschiedenen Stellen kleine kreisende Bewegungen machen.

Oh, was passiert? Am Himmel kann man eine dicke, dunkle Wolke sehen.

Mit der flachen Hand auf einer Stelle leicht drücken.

Die dicke, dunkle Wolke wird immer größer und größer. Es sieht nach Regen aus.

Mit der flachen Hand die Stelle kreisend vergrößern.

Tatsächlich, die ersten kleinen Tropfen fallen schon auf die Wiese.

Mit den Fingerspitzen wenige Stellen auf dem Rücken berühren.

Alle Gänseblümchen werden nass.

Weiter wenige Stellen berühren.

Immer mehr Regentropfen fallen auf die Wiese.

Über den ganzen Rücken die Tropfen fallen lassen.

Massage: „Das Wetter“ (2)

Jetzt kommt ein Blitz, dann ein Donner, da noch ein Blitz und ein Donner. Das ist ein Gewitter.

Mit einem Finger Zickzacklinien zeichnen und mit leichtem Klopfen Donner andeuten.

Die Wolken ziehen vorbei.

Mit den Handflächen über den Rücken streichen.

Es fallen nur noch wenige Tropfen auf die Gänseblümchenwiese.

Mit den Fingern wenige Tropfen fallen lassen.

Immer weniger und jetzt hört es auf zu regnen.

Nur noch hier und da den Rücken vorsichtig berühren.

Schau, da kommt die warme Sonne, spürst du das?

Beide Hände reiben, und dann auf den Rücken legen.

Jetzt sieht man am Himmel einen Regenbogen, einen richtig schönen Regenbogen.

Mit der flachen Hand langsam einen Halbkreis auf den Rücken zeichnen.

Für heute gehen wir nach Haus’, vielleicht regnet es morgen wieder.

Mit zwei Fingern über den Rücken laufen.

BVK KI27 • Angelika Hüskes/Doro Leenen: „Entdecken – Fühlen – Spielend lernen“

„Verschwindebox"

Ein- und zweijährige Kinder benötigen zur Unterstützung ihrer Sicherheit eine gleichbleibende Raumgestaltung. Dieses Bedürfnis ergibt sich aus ihrem fehlenden Erinnerungsvermögen, der sogenannten infantilen Amnesie. Ihr Lang- und Kurzzeitgedächtnis ist zwar schon so angelegt wie bei einem Erwachsenen, die Synapsenbildungen des Gehirns und damit ein schneller Zugriff auf Vergangenes stehen den jüngeren Kindern aber noch nicht zur Verfügung. Objektpermanenz ist noch nicht gegeben. Diese Fähigkeiten reifen erst heran. Ein Beispiel aus der Praxis: Die Kollegin setzt sich im Spiel eine Hasenmaske auf – die Kinder reagieren mit Angst. Wenn sie die Maske wieder absetzt, rufen die Kinder: „Doro ist wieder da!" Für die Kinder war die Kollegin nicht mehr sichtbar. Mit der Verschwindebox fördern wir die Gedächtnisleistungen der Kinder.

Spielideen und Hinweise für die „Verschwindebox"

Material: eine Decke

Ein Kind verlässt den Raum (zu Beginn sollte eine Erzieherin mitgehen). Ein Kind wird ausgewählt und legt sich unter die Decke. Durch Klatschen wird das erste Kind wieder hereingerufen. Nun darf es herausfinden, wer sich unter der Decke versteckt.

Material: Spielsachen aus dem Gruppenraum in zweifacher Ausführung

1, 2, 3 – was fehlt denn hier? Je nach Entwicklungsstand der Kinder kann die Anzahl der Spielsachen variieren. Die Spielsachen werden in die Mitte gelegt. Alle Spielsachen mit den Kindern gemeinsam anschauen und benennen. Ein Kind verlässt den Raum (zu Beginn sollte eine Erzieherin mitgehen). Ein anderes Kind darf nun einen Gegenstand aus der Mitte nehmen, hinter sich legen oder unter seinem Pulli verstecken. Durch Klatschen wird das Kind wieder in die Kreismitte gebeten und alle rufen: „1, 2, 3 – was fehlt denn hier?" Das Kind soll herausfinden, was fehlt, welchen Gegenstand es nur einmal gibt.

BVK KI27 • Angelika Huskes / Doro Leenen: „Entdecken – Fühlen – Spielend lernen"

Material: Tiermasken (gekauft oder aus Papier selbst gestalten), Spiegel
(Spiel im Freispiel einsetzen.) Verkleiden Sie sich und die Kinder mit den Masken. Zu Beginn haben die Jüngeren noch Respekt und schauen lieber zu, wie sich andere Kinder oder auch die Erzieherin hinter einer Maske „verstecken“. Hierbei ist Vorsicht geboten. Einige Kinder äußern Ängste, die ernstgenommen werden müssen. **Tipp:** Eine zweite Erzieherin steht zur Verfügung, um ein ängstliches Kind zu „beschützen“. Nach einiger Zeit finden die Kinder Gefallen am Verkleiden und beginnen, sich dabei auch im Spiegel zu betrachten.

Weitere Ideen für die „Verschwindebox“

- Zuordnungsspiele mit alten Schlössern und Schlüsseln, Behältern und Deckeln
- Sortierschalen mit Gardinenringen
- Fotopuzzle von allen Kindern
- Waschmittelkartons als Verschwindekisten: Kartons mit verschiedenen Öffnungen (dreieckig, rund, groß, klein, breit, schmal) versehen, in die die Kinder bestimmte Gegenstände verschwinden lassen können.
- Tücher und Gegenstände zum Einwickeln, Kinder verpacken oder packen ein
- Kriechtunnel: Decken über Tische legen / Tischhussen nähen
- Sandkiste im Gruppenraum: Dinge ver- und ausbuddeln
- Tennisbälle zum Einschneiden – eignen sich ebenfalls zum Verstecken von Gegenständen

Lied: „Meine Hände sind verschwunden“

2. Meine Augen sind verschwunden,
ich habe keine Augen mehr.
Ei, da sind die Augen wieder!
Tra la la la la la la, hurra.

3. Meine Ohren sind verschwunden,
ich habe keine Ohren mehr.
Ei, da sind die Ohren wieder!
Tra la la la la la la, hurra.

4. Meine Nase ist verschwunden,
ich habe keine Nase mehr.
Ei, da ist die Nase wieder!
Tra la la la la la la, hurra.

Die Kinder mit einbinden: „Was könnte jetzt verschwunden sein?“ Am Ende die Kinder einzeln verschwinden lassen. (Sie können sich unter einer Decke verstecken. Dies ist auch eine Vorbereitung auf das Kreisspiel „Kind unter der Decke“, S. 35)
***Tipp:** Den Kindern macht es viel Spaß, auch die Erzieherin verschwinden zu lassen.*

© überliefert

BVK KI27 • Angelika Hüskes / Doro Leenen: „Entdecken – Fühlen – Spielend lernen“

Fingerspiel: „10 kleine Zappelmänner“

10 kleine Zappelmänner zappeln hin und her, 10 kleinen Zappelmännern fällt das gar nicht schwer.	*Alle Finger zappelnd seitlich hin- und herbewegen.*
10 kleine Zappelmänner zappeln auf und nieder,	*Alle Finger zappelnd nach oben und nach unten bewegen.*
10 kleine Zappelmänner tun das immer wieder.	*s. o.*
10 kleine Zappelmänner zappeln rundherum, 10 kleine Zappelmänner, die sind gar nicht dumm.	*Alle Finger zappeln einen Kreis.*
10 kleine Zappelmänner spielen mal Versteck, 10 kleine Zappelmänner sind auf einmal weg.	*Alle Finger zappeln zuerst vor dem Körper und verstecken sich dann hinter dem Rücken.*
10 kleine Zappelmänner rufen laut: „Hurra!“ 10 kleine Zappelmänner sind jetzt wieder da!	*Alle Finger kommen wieder hervor.*

BVK KI27 • Angelika Hüskes / Doro Leenen: „Entdecken – Fühlen – Spielend lernen“

Reim (oder Fingertheater): „Du bist da und du bist weg“

Du bist da und du bist weg, und ich kriege einen Schreck.	*Beliebige Fingerpuppe anstecken und in der Hand verstecken.*
Auf einmal bist du wieder da, und ich rufe laut: „Hurra“!	*Fingerpuppe wieder zum Vorschein bringen.*

Fingertheater: „Tütenkasper"

Klopf, klopf, klopf,
hallo Kasper, bist du da?
Komm heraus und rufe: „Ja!"
Schau die Kinder, groß und klein,
wollen heute bei dir sein.
Mit dir spielen, mit dir lachen,
lauter lustige Sachen machen.
Komm wir suchen ein Versteck.
Kasper ist auf einmal weg!
Mein Kasper ist verschwunden,
ich habe keinen Kasper mehr.
Seht da ist der Kasper wieder!
Tra la la la la la la, hurra!

Je nach Figur die Begrüßung variieren.
Die Figur schauspielern lassen.

Kann auch auf die Melodie von „Meine Hände sind verschwunden" (S. 36) gesungen werden.

Massage: „10 kleine Fingerlein"

10 kleine Fingerlein,
wollen heute Mäuse sein.
Sind mal hier und sind mal dort,
immer an einem anderen Ort.
Doch auf einmal sind sie weg,
knabbern hier an deinem Speck.

Mit beiden Händen auf den Rücken des Kindes tippen.
An unterschiedlichen Stellen tippen.

Hände wegnehmen.
Eine Stelle aussuchen und leicht zupfen.

„Bewegungsbox“

Spielideen und Hinweise für die „Bewegungsbox“
Material: Schaumstoffwürfel mit Taschen, Piktogramme mit Bewegungen
In jede Würfeltasche ein Piktogramm legen. Ein Kind darf nun würfeln und die abgebildete Bewegung vormachen. Die anderen Kinder dürfen diese Bewegung nachmachen.

Material: verschiedene Aufziehtiere mit unterschiedlichen Bewegungsarten (Hüpfen, Springen, Laufen usw.)
Die Kinder dürfen nacheinander ein Aufziehtier auswählen, es aufziehen und die Bewegung nachahmen.

Material: Bettbezug, Luftballons
Den Bettbezug mit Luftballons füllen. Dabei die Ballons nicht ganz aufpusten, sodass sie elastisch bleiben und den Bettbezug dicht füllen. Dadurch entsteht fast ein Wasserbett.

BVK KI27 • Angelika Huskes / Doro Leenen: „Entdecken – Fühlen – Spielend lernen“

BVK KI27 • Angelika Hüskes/Doro Leenen: „Entdecken – Fühlen – Spielend lernen"

Bewegungslied: „Was hör ich da von nebenan"

2. Was hör ich da von nebenan, da ist was los.
Ich will einmal von unten seh'n so, so, so.

3. Was hör ich da von nebenan, da ist was los.
Ich will mal durch das Astloch seh'n so, so, so.

4. Was hör ich da von nebenan, da ist was los.
Ich will ein Stückchen weiter geh'n so, so, so.
Vielleicht kann ich dann besser seh'n so, so, so.
Jetzt kann ich seh'n, jetzt kann ich seh'n,
doch jetzt ist nichts mehr los.

BVK KI27 • Angelika Hüskes/Doro Leenen: „Entdecken – Fühlen – Spielend lernen"

Bewegungslied: „Ach, wie bin ich langsam"

Handlungsidee:

Alle Kinder stehen im Kreis.
Langsame Beinbewegungen machen, die Arme hängen lassen. Immer langsamer werden.
Schnell auf der Stelle laufen.

Bewegungslied: „Die Räder vom Bus" (1)

Handlungsidee:

Bei „rund" die Hände umeinanderbewegen.

Bei „Stadt" mit beiden Händen ein Dach über dem Kopf zeigen.

2. Die Türen vom Bus gehen auf und zu … durch die ganze Stadt.	*Mit beiden Handflächen das Öffnen der Türen darstellen.*

Bewegungslied: „Die Räder vom Bus" (2)

3. Die Lampen am Bus gehen an und aus … durch die ganze Stadt.	*Die Hände zu Fäusten ballen und wieder öffnen.*
4. Die Babys im Bus machen wä, wä, wä … durch die ganze Stadt.	*Die Augen reiben.*
5. Die Mamas im Bus machen pst, pst, pst … durch die ganze Stadt.	*Den Zeigefinger vor den Mund halten.*
6. Die Kinder im Bus laufen hin und her … durch die ganze Stadt.	*Die Arme angewinkelt vor- und zurückschwingen.*
7. Der Busfahrer schimpft: „Nein, das dürft ihr nicht!" … durch die ganze Stadt.	*Mit dem Zeigefinger „schimpfen".*

BVK KI27 • Angelika Hüskes / Doro Leenen: „Entdecken – Fühlen – Spielend lernen"
BVK KI27 • Angelika Hüskes / Doro Leenen: „Entdecken – Fühlen – Spielend lernen"

Bewegungslied: „Leise, leise, wie die Katzen schleichen" (1)

Singen: Leise, leise, wie die Katzen schleichen. (4 x)	*Alle laufen leise im Kreis herum und singen.*
Sprechen: Alle Katzen schleichen in die Mitte. Und wen sehen sie da? Einen Hund! Und wie macht der Hund? „Wau, wau", und alle Katzen schleichen schnell davon.	*Alle treffen sich in der Kreismitte.* *Die Kinder mit einbeziehen.* *Rückwärts laufen und wieder einen Kreis bilden.*
Singen: Stampfen, stampfen wie die Elefanten. (2 x)	*Alle stampfen im Kreis und singen.*
Sprechen: Alle Elefanten schleichen in die Mitte. Und wen sehen sie da? Eine Maus! Wie macht die Maus?	*s. o.*

Bewegungslied: „Leise, leise, wie die Katzen schleichen" (2)

„Piep, piep", und alle Elefanten stampfen schnell nach Haus.	
Singen: Schaukeln, schaukeln, wie die Affen schaukeln. (2 x)	*Alle stehen im Kreis und schwingen die Arme.*
Sprechen: Alle Affen schleichen in die Mitte. Und wen sehen sie da? Einen Löwen! Und wie macht der Löwe? „Wuuaahhh", und alle Affen schaukeln schnell nach Haus.	*s. o.*
Singen: Fliegen, fliegen, wie die Vögel fliegen. (2 x)	*Alle laufen wieder in den Kreis und machen Flugbewegungen mit den Armen.*
Sprechen: Alle Vögel schleichen in die Mitte. Und wen sehen sie da? Eine Katze! Und wie macht die Katze? „Miau, miau", und alle Vögel fliegen schnell nach Haus.	*s. o.*

Bewegungsgeschichte: „Herby" (1)

Refrain: Ich saß auf einem Gartenzaun und kaute einen Kaugummi.
Ich spielte mit meinem Jojo, ah hu ja, ah hu ja,
da kam Herby.

Schmatzen.

Pantomimisch Jojo spielen.
Fingeraugen hinter dem Rücken auf den Zeigefinger stecken und als kriechendes Tier über die Seite auf den eigenen Bauch krabbeln lassen.

Herby, wie siehst du denn aus?
Du bist ja schon so groß geworden.

Mit Herby sprechen und mit den Zeigefingern beider Hände einen ca. 10 cm großen Abstand anzeigen. Bei jeder weiteren Strophe größer werden.

1. Ich habe eine Maus gefressen.
   Aha, aha, aha.

Mit dem Zeigefinger an die Stirn tippen.

Refrain

2. Ich habe einen Hund gefressen.
   Aha, aha, aha.

s. o.

Refrain

3. Ich habe eine Kuh gefressen.
   Aha, aha, aha.

s. o.

BVK KI27 • Angelika Hüskes / Doro Leenen: „Entdecken – Fühlen – Spielend lernen“

Bewegungsgeschichte: „Herby" (2)

Refrain

4. Ich habe einen Elefanten gefressen.
   Aha, aha, aha.

s. o.

Refrain: wie gehabt, nur am Ende:
Du bist ja wieder so klein geworden!

Mit den Zeigefingern einen kleinen Abstand zeigen.

5. Ich habe alle wieder ausgespuckt:
   Die Maus – pö,
   den Hund – pö,
   die Kuh – pö,
   den Elefanten – pö!
   Und jetzt will ich etwas Richtiges zum Frühstück essen.

Spuckbewegungen in die Kreismitte machen.

Refrain: Ich saß auf einem Gartenzaun und kaute einen Kaugummi.
Ich spielte mit meinem Jojo, ah hu ja, ah hu ja.
Und Herby ging ganz gemütlich nach Hause frühstücken. Tschüss Herby, mach's gut!

Beide Hände gehen auf und zu.

Pantomimisch Jojo spielen.
Der Finger mit den Augen krabbelt nun wieder zurück hinter den Rücken.

BVK KI27 • Angelika Hüskes / Doro Leenen: „Entdecken – Fühlen – Spielend lernen“

Bewegungsgeschichte: „Erbsen rollen über die Straße (1)“

Heute Morgen bin ich mit meinem Fahrrad zum Markt gefahren. Ich wollte Kartoffeln einkaufen und Möhren, Gurken und Äpfel. Eine Marktfrau stand am Stand und fragte mich, ob ich nicht auch Erbsen kaufen wollte. „Oh“, hab ich gedacht, „Erbsen sind auch ganz lecker. Ich könnte ja eine Suppe kochen. Mhm, Erbsensuppe. Mit einem Würstchen schmeckt sie ganz lecker. Oh ja, das mache ich.“ Also kaufte ich Kartoffeln und Möhren, Gurken, Äpfel und eine große Tüte Erbsen ein.
Ich packte alles in mein Fahrradkörbchen und bin wieder nach Hause gefahren.
Als ich fast zu Hause war, bin ich plötzlich über einen Stock gefahren und mein Fahrrad wackelte ein wenig. Und was meint ihr wohl? Die Tüte mit den Erbsen ist aus

Diese Geschichte wird im Sitzkreis erzählt. Die Länge der Geschichte sollte sich nach Ausdauer und Konzentration der Kindergruppe richten.

Bewegungsgeschichte: „Erbsen rollen über die Straße (2)“

meinem Fahrradkörbchen auf die Straße gefallen und dabei kaputtgegangen. Oh, oh!

Bewegungsvers:
Erbsen rollen über die Straße
und sind platt.
Oh wie schade, jammerjammerschade.
Erbsen rollen über die Straße
und sind platt.

Beim Bewegungsvers laufen die Finger beider Hände über die Oberschenkel und patschen bei den Worten „und sind platt“ auf die Knie.

Anschließend rollen über die Straße:
- Feine-Dame-Erbse
- Opa-Erbse
- Kichererbse
- Traurige Erbse
- Polizisten-Erbse
- Flitze-Erbse
- Baby-Erbse

Die Finger laufen wieder über die Beine und wir verstellen unsere Stimme dabei. Auch hierbei sind der Fantasie keine Grenzen gesetzt. Alternativ können die Kinder die Bewegungen auch mit dem ganzen Körper nachmachen.

Bewegungsspiel: „Johannes (1)“

Mein Name ist Johannes. Ich habe eine Frau und drei Kinder und ich arbeite in einer Knopffabrik. Mein Chef sagt: „Hey, Hannes, dreh die Knöpfe mit der rechten Hand.“ Und ich tu’s.	*Auf sich zeigen.* *Den Daumen zeigen (als eine Frau).* *Drei Finger zeigen (für die 3 Kinder).* *Mit der rechten Hand ständig hin- und herdrehen.* *s. o.*
Mein Name ist Johannes. *wie oben* Mein Chef sagt: „Hey, Hannes, dreh die Knöpfe mit der linken Hand.“ Und ich tu’s.	*Mit der rechten und mit der linken Hand ständig hin- und herdrehen.* *s. o.*
Mein Name ist Johannes. *wie oben* Mein Chef sagt: „Hey, Hannes, dreh die Knöpfe mit dem rechten Fuß.“ Und ich tu’s.	*Mit der rechten und linken Hand und mit dem rechten Fuß ständig hin- und herdrehen.* *s. o.*
Mein Name ist Johannes. *wie oben*	

Bewegungsspiel: „Johannes (2)“

Mein Chef sagt: „Hey, Hannes, dreh die Knöpfe mit dem linken Fuß.“ Und ich tu’s.	*Mit der rechten und linken Hand, mit dem rechten und linken Fuß ständig hin- und herdrehen.* *s. o.*
Mein Name ist Johannes. *wie oben* Mein Chef sagt: „Hey, Hannes, dreh die Knöpfe mit dem Bauch.“ Und ich tu’s.	*Mit der rechten und linken Hand, mit dem rechten und linken Fuß hin- und herdrehen und den Bauch hin und her bewegen.* *s. o.*
Mein Name ist Johannes. *wie oben* Mein Chef sagt: „Hey, Hannes, dreh die Knöpfe mit dem Po.“ Und ich tu’s.	*Zum Schluss auch noch den Po hin- und herbewegen.* *s. o.*
Mein Name ist Johannes. *wie oben* Mein Chef sagt: „Hey, Hannes, dreh die Knöpfe mit dem Kopf.“ „Ich bin doch nicht bekloppt!“	*Mit dem Finger an die Stirn tippen.*

Massage: „Schlangenmassage"

Nach den Bewegungsstunden bieten sich sogenannte „Schlangenmassagen" an. Alle Kinder setzen sich hintereinander mit einem kleinen Abstand auf eine Matte, Decke o. Ä. Die Erzieherin setzt sich vorzugsweise an das Ende der Schlange und gibt so die Massagebewegungen von hinten nach vorn weiter. Schön wäre hier ein großer Spiegel, die Kinder könnten sich zusätzlich anhand des Spiegelbildes an der Erzieherin orientieren und diese kann wiederum so gezielt Kinder ansprechen und Hilfestellung geben.
Diese Massageform bietet die Möglichkeit, die vorangegangene Bewegungsstunde zu reflektieren, indem das Erlebte aufgegriffen und auf diese Weise noch einmal vor das innere Auge der Kinder geholt wird. Die Erzieherin hat hierbei die Chance, die Kinder gezielt anzusprechen, zu fragen, was ihnen gut gefallen hat oder auch spontane Ideen und Zurufe der Kinder in die Massage einzubauen. Die Länge der Schlangenmassage ist abhängig von der Ausdauer und Konzentration der Kinder. Nach ein bisschen Übung werden die Massagen nach den Bewegungsstunden regelmäßig eingefordert.

„Freundebox"

Kreative Ideen: Freundebuch gestalten, Freundschaftsband aus Wolle herstellen, Freunde fotografieren, Händedruck der Freunde …

Im Stuhlkreis: „Schuhsalat“

Alle Kinder sitzen im Kreis, dürfen ihre Hausschuhe ausziehen und in die Mitte des Kreises stellen. Jetzt werden alle Schuhe mit viel Fantasie zum Salat vermischt und mit Salz und Pfeffer abgeschmeckt. Ein Kind darf beginnen, ein Schuhpaar aus dem „Salat“ heraussuchen und dem entsprechenden Kind bringen. Dabei kann es „Bitte!“ sagen oder, bei Kindern mit einem größeren Wortschatz, fragen: „Sind das deine Schuhe?“ Die Antwort lautet nun entsprechend „Danke!“ oder: „Ja, das sind meine Schuhe.“ Anschließend darf dieses Kind aus dem Schuhsalat ein Paar herausfinden und einem Kind zuordnen.
Wenn ein Kind ein Paar Schuhe falsch zuordnet, darf es so lange weitersuchen, bis es das richtige Kind gefunden hat. Die Erzieherin darf mit Tipps weiterhelfen.
Das Spiel kann so lange weitergespielt werden, bis alle Schuhe den Kindern zugeordnet sind.

Im Stuhlkreis: „Hilfe! Hilfe! Ich bin in den Brunnen gefallen!“

Ein Kind darf beginnen, vom Podest in die Mitte springen und sich auf den Boden setzen. Nun ruft es: „Hilfe! Hilfe! Ich bin in den Brunnen gefallen!“
Alle anderen Kinder antworten: „Wie tief denn?“
Das Kind im Brunnen ruft z. B.: „Zwei Meter tief!“
Alle anderen fragen wiederum: „Wer soll dich denn herausholen?“

Nun darf das Kind einen Freund bestimmen, der ihm hilft, aufzustehen.
Dieser wiederum darf nun vom Podest springen usw.

Ein Podest in die Stuhlkreismitte stellen.

© überliefert

Bewegungslied: „Mein Dackel Waldemar"

Mein Dackel Waldemar und ich, wir zwei, wir wohnen Regenbogenstraße 3.	*In die Hocke gehen und einen Hund andeuten. Mit der flachen Hand einen Halbkreis in die Luft malen, drei Finger zeigen.*
Und wenn wir abends uns're Runde dreh'n, kann man die Dackelbeine wackeln seh'n.	*Sich im Kreis drehen und mit den Knien wackeln.*
Mein Dackel Waldemar und ich, wir zwei … *s. o.* kann man den Dackelkopf wackeln seh'n.	*s. o.* *Mit dem Kopf wackeln.*
Mein Dackel Waldemar und ich, wir zwei … *s. o.* kann man den Dackelbauch wackeln seh'n.	*s. o.* *Mit dem Bauch wackeln.*
Mein Dackel Waldemar und ich, wir zwei … *s. o.* kann man die Dackelzunge wackeln seh'n.	*s. o.* *Die Zunge herausstrecken und damit wackeln.*
Mein Dackel Waldemar und ich, wir zwei … *s. o.* kann man den Dackelpo wackeln seh'n. (Kann beliebig erweitert werden.)	*s. o.* *Mit dem Po wackeln.*

Lied: „Tuff, tuff, tuff, die Eisenbahn"

Ein Kind beginnt und geht im oder auch außerhalb des Kreises herum. Alle anderen singen:	*Im Stuhlkreis sollten zwei gegenüberliegende Lücken gelassen werden, um die Möglichkeit zu schaffen, die Eisenbahn auch außerhalb des Kreises fahren zu lassen.* ***Tipp:*** *Ziel der Reise mit den Kindern absprechen. Die Kinder wählen auch gerne ihren letzten Urlaubsort aus.*
Tuff, tuff, tuff, die Eisenbahn, wer will mit nach Amerika fahr'n, alleine fahren mag ich nicht, da nehm ich mir den / die … mit.	*Das Kind darf nun ein zweites Kind auswählen. Dieses hält sich von hinten an den Schultern fest und geht nun mit.* *So lange wiederholen, bis alle Kinder, die mitspielen wollen, eingesammelt sind.* ***(Tipp:*** *Man kann auch zwei Kinder auswählen lassen.)*
Letzte Strophe: Tuff, tuff, tuff, die Eisenbahn, wer will mit nach Hause fahr'n, der Zug fährt in den Bahnhof ein, und alle sind wieder daheim.	*Daheim angekommen dürfen die Kinder wieder ihren Platz suchen und sich hinsetzen.*

Lied: „Ich bin ein dicker Tanzbär"

Ich bin ein dicker Tanzbär
und komme aus dem Wald.
Ich suche mir einen Freund aus
und finde ihn schon bald.

Ein Kind geht schwerfällig (breitbeinig) im Kreis herum und deutet mit beiden Armen einen dicken Bauch an. Es bleibt vor einem Kind seiner Wahl stehen und reicht ihm beide Hände.

Ei wie ist das Tanzen fein,
von einem auf das andere Bein.
Ei wie ist das Tanzen fein,
von einem auf das andere Bein.

Nun tanzen beide Kinder Hand in Hand von einem auf das andere Bein.
Anschließend gehen sie als dicke Tanzbären im Kreis herum.

Gesungen wird nun:
Wir sind 2 dicke Tanzbären …
Wir sind 3 dicke Tanzbären … usw.

Es wird so lange gesungen und getanzt, bis alle Kinder, die mitmachen möchten, als dicke Tanzbären in der Mitte tanzen.

Wir sind viele dicke Tanzbären
und kommen aus dem Wald.
Wir suchen uns keinen Freund aus,
denn wir sind schon ziemlich alt.
Ach, wie ist das Tanzen schwer,
oje, oje, ich kann nicht mehr.
Ach, wie ist das Tanzen schwer,
oje, oje, ich kann nicht mehr.

Mit dem Zeigefinger „Nein" zeigen.
Mit einer Hand den Rücken halten und langsam schleppend im Kreis gehen.
Mühsam von einem auf das andere Bein tanzen.
***(Tipp:** Kinder finden es immer wieder toll, wenn wir Erzieherinnen mittanzen.)*

Reim: „Ich und du, wir beide"

Ich und du, wir beide,
dreh'n uns heut' im Kreise.
Einmal hin und einmal her,
ja, das fällt uns gar nicht schwer.
Ich und du, wir beide,
dreh'n uns heut' im Kreise.

Zwei Freunde stehen sich gegenüber, zeigen erst auf sich, dann auf den anderen, nehmen sich an die Hände und drehen sich im Kreis.
Bewegen sich einmal hin und her, dann wie zu Beginn.

Fingerspiel: „Toni und Piet“

Auf beide Zeigefinger und auf den kleinen Finger der rechten Hand ein lachendes Gesicht und auf den Mittelfinger der linken Hand ein trauriges Gesicht malen.

Das ist Toni, das ist Piet.	*Beide Zeigefinger einzeln zeigen.*
Die zwei, die haben sich richtig lieb.	*Zeigefinger umarmen sich.*
Doch manchmal sagt der Toni „Nein!“, und spielt dann lieber ganz allein.	*Rechter Zeigefinger sagt nein und verschwindet in der Hand.*
Der Piet schaut sich dann traurig um,	*Linken Zeigefinger in der Hand verstecken und mit dem Mittelfinger weiterspielen. Dieser dreht sich suchend um.*
und sagt: „Ich bin doch gar nicht dumm!	*Bleibt plötzlich stehen, schaut zur Erzieherin, dabei die Finger wieder tauschen.*
Dann spiel ich heute mit Janette, die ist lieb und auch ganz nett.“	*Linker Zeigefinger und kleiner rechter Finger umarmen sich.*

BVK KI27 • Angelika Hüskes / Doro Leenen: „Entdecken – Fühlen – Spielend lernen“

Massage: „Partnermassage“

Partnermassagen bieten sich besonders gut für Kleingruppen an. Es empfiehlt sich, diese Massagen mit nicht mehr als 4 Kindern (je 2 Freunde) durchzuführen.
Hierbei legt sich einer der Freunde mit dem Bauch auf eine Matte, Decke oder Matratze. Das andere Kind kniet sich seitlich neben das liegende Kind, um so auf dem Rücken die Massage durchführen zu können.
Die Auswahl und die Länge der Massagen sind vom Thema, der Vorliebe und Ausdauer der Kinder abhängig. Sinn und Zweck dieser Massagen ist es, nach einiger Zeit zu tauschen, sodass beide Freunde in den Genuss des Massiertwerdens und des aktiven Massierens kommen.
Die Erzieherin kann hier unterstützen, indem sie die Bewegungen vor- beziehungsweise mitmacht.
Falls ein Kind an diesem Tag keinen Freund findet, kann sich die Erzieherin als Partner anbieten. Kinder finden es immer sehr spannend, wenn wir Erzieherinnen uns auch auf diese Spiele einlassen.

BVK KI27 • Angelika Hüskes / Doro Leenen: „Entdecken – Fühlen – Spielend lernen“

„Mutmachbox“

Spielideen und Hinweise für die „Mutmachbox“
Material: mehrere Schuhkartondeckel, verschiedene Fühlmaterialien (z. B. Sand, Teppich, Schaumstoff …)
Die Innenseiten der Schuhkartondeckel mit unterschiedlichen Materialien bekleben und so einen Fußparcours herstellen.

Material: große Kartons, verschiedene Fühlmaterialien (z. B. Sand, Bälle, Tücher …)
Fühlboxen selbst basteln: Die Öffnung eines Kartons einschneiden und mit unterschiedlichen Materialien füllen.

Material: verschiedene Nahrungsmittel (Achtung bei Allergien von Kindern!)
Geschmacksspiele: Den Kindern bei geschlossenen Augen (oder Augen mit Sonnenbrille, großem Hut verdecken) etwas zu essen geben.
Tipp: Zuerst die Nahrungsmittel anschauen lassen. Vielleicht drei Dinge auswählen lassen, das gibt den Kindern Sicherheit und Mut.

Material: alter, großer Bilderrahmen, Farben
Theater / Kino spielen: Der Bilderrahmen kann mit den Kindern bemalt werden. Die Kinder können durchschauen und anderen Kindern z. B. ein Lied vorsingen oder ein Fingerspiel vorspielen usw.

Material: Rasierschaum, ein großer Spiegel
Rasierschaumspiele: Den Spiegel auf einen Tisch legen, jedem Kind einen Rasierschaumklecks daraufgeben und verteilen lassen.

Material: Kleister, Farben, Pinsel, Papier
Kleisterbilder herstellen: Kleister mit Farbe vermischen und mit Händen oder Pinsel Fantasiebilder malen lassen.

BVK KI27 • Angelika Hüskes / Doro Leenen: „Entdecken – Fühlen – Spielend lernen“

Material: Fingerfarbe, alte Tapetenrollen
Fußbilder: Kinder mit farbigen Füßen z. B. über eine Tapetenbahn laufen lassen. **(Tipp:** Den Fußboden gut abkleben und Wasser zum Reinigen bereitstellen.)

Material: z. B. farbige Seife, Fingerfarbe
Körper einseifen oder Finger bemalen für Fingerspiele

Material: Lampe
Schattenspiele: In einem abgedunkelten Raum mit weißer Wand mit Hilfe einer Lampe Schattenbilder / Schattenspiele / Fingerspiele usw. mit den Händen darstellen.

Material: Taschenlampe, evtl. Reflektoren
Taschenlampenspiel: In einem abgedunkelten Raum die Kinder mit einer Taschenlampe z. B. Reflektoren suchen lassen.

Material: Taschenlampe, Bildergeschichte in einzelnen Bildern
Zimmerkino mit Taschenlampe: In einem abgedunkelten Raum eine Bildergeschichte an die Wand hängen. Mit der Taschenlampe die Bilder der Reihe nach anleuchten und die Geschichte erzählen.

Material: Pappe, Stifte, Schere
Spiel: Wer versteckt sich hinter dem Löwen? Einen großen Löwen auf Pappe aufmalen, Augen, Mund und Nase ausschneiden. Ein Kind darf sich hinter dem Löwen verstecken und ein anderes darf raten, wer sich versteckt.

Material: Decken, Matten, Schwungtücher etc.
Bewegungsstunde mit Kriechtunnel: Im Bewegungsraum mehrere Tunnel z. B. mit Tischen und Decken, Matten, Schwungtüchern usw. aufbauen. Kinder dürfen hindurchkrabbeln oder auch mit einem Bobby-Car® hindurchfahren.

Material: ein Podest
Begrüßungslied mit Podest: Bei dem Begrüßungslied „Wir sitzen im Kreis" (S. 10) die namentlich genannten Kinder auffordern, sich auf ein Podest zu stellen und z. B. zu winken oder eine Verbeugung zu machen. **(Tipp:** Bei einer großen Gruppe immer mehrere Kinder gleichzeitig auffordern.)

Material: eine Flasche
Verschiedene Aufgaben an die Kinder verteilen: In die Küche gehen und ein Handtuch holen, ins Büro gehen und das Telefon holen. Somit werden die Kinder durch die gesamte Einrichtung geschickt und lernen diese gut kennen. Wer nicht allein gehen möchte, nimmt einen Freund mit. Ausgewählt werden die Kinder, indem die Flasche gedreht wird. Der Flaschenhals zeigt auf das Kind, das eine Aufgabe erfüllen darf.

Lied: „Die Bimmelbahn“

Rechte Hand zur Faust ballen, nach oben halten, wippen. Den kleinen Finger zeigen. Kleine Finger verhaken.

Da kommt der Schaffner raus,	*Mit dem Zeigefinger schimpfen.*
und schimpft den Kleinen aus.	
Da sagt der kleine Mann:	*Kleinen Finger zeigen.*
„Das geht Sie gar nichts an.	*Hände in die Hüften stemmen.*
Ich fahr zum Titisee,	*Mit den Armen einen Kreis andeuten.*
da gibt es viele Flöh,	*Mit einer Hand abwinken.*
ich fang mir einen,	*Den Daumen hochhalten.*
mit hundert Beinen.	*Mit den Fingern beider Hände in die Luft tippen.*
Der wird dann aufgehängt,	*Mit beiden Zeigefingern und Daumen etwas hochhalten.*
und im Salat vermengt,	*Mit den Händen etwas vermengen.*
und schmeckt dann gerade	*Mit der flachen Hand den Bauch streicheln.*
wie Schokolade.“	

BVK KI27 • Angelika Hüskes / Doro Leenen: „Entdecken – Fühlen – Spielend lernen“

Lied: „Ich bin schon groß“

Ich bin schon groß, schau mich doch an,
was ich schon alles machen kann!
Ja ich bin schon groß, ja ich bin schon groß,
ja ich bin schon wirklich groß.

Ich kann mich recken und auch strecken
und allein ein Eis auflecken!
Ja ich bin schon groß, ja ich bin schon groß,
ja ich bin schon wirklich groß.

Ich kann auch malen, schau nur her,
Ich mal ein' Kreis, das ist nicht schwer!
Ja ich bin schon groß, ja ich bin schon groß,
ja ich bin schon wirklich groß.

Ich kann laut lachen, ha, ha, ha,
ich freu mich, denn du bist auch da!
Ja wir sind schon groß, ja wir sind schon groß,
ja wir sind schon wirklich groß.

Lied: „Ich wär gern was" (1)

2. Ich wär gern was, na was, na was,
   ich weiß schon was, na was, na was,
   ich möchte gern so stark sein wie ein Bär.
   Dann trage ich dich einfach hin und her.
   Das wär schön – schön anzusehen.

3. Ich wär gern was, na was, na was,
   ich weiß schon was, na was, na was,
   ich möchte gern so klein sein wie ein Floh,
   dann hüpfte ich in deiner Hand so froh.
   Das wär schön – schön anzusehen.

Lied: „Ich wär gern was" (2)

4. Ich wär gern was, na was, na was,
   ich weiß schon was, na was, na was,
   ich möchte gern so flink sein wie 'ne Maus,
   dann renn' ich überall rein und raus.
   Das wär schön – schön anzusehen.

5. Ich wär gern was, na was, na was,
   ich weiß schon was, na was, na was,
   ich möchte Ohren wie ein Elefant,
   dann lauschte ich durch jede dicke Wand.
   Das wär schön – schön anzusehen.

6. Ich wär gern was, na was, na was,
   ich weiß schon was, na was, na was,
   ich möchte gerne schwimmen wie ein Fisch,
   sodass der große Hai mich nicht erwischt.
   Das wär schön – schön anzusehen.

© Angelika Hüskes

BVK KI27 • Angelika Hüskes/Doro Leenen: „Entdecken – Fühlen – Spielend lernen"

Lied: „Was mach ich nur?“

Wenn es mir zu dunkel ist, was mache ich da nur, was mache ich da nur?
Da mach ich mir das Licht schnell an, damit ich wieder sehen kann,
da mach ich mir das Licht schnell an, damit ich wieder sehen kann.

Wenn ich ganz alleine bin, was mache ich da nur, was mache ich da nur?
Da ruf ich laut, da ruf ich laut, da ruf ich laut: „Ist jemand da?“
Da ruf ich laut, da ruf ich laut, da ruf ich laut: „Ist jemand da?“

Wenn ich etwas noch nicht weiß, was mache ich da nur, was mache ich da nur?
Dann frag ich dich, dann frag ich dich, dann frag ich dich und dich und dich.
Dann frag ich dich, dann frag ich dich, dann frag ich dich und dich und dich.

Wenn mein Freund nicht spielen will, was mache ich da nur, was mache ich da nur?
Dann such ich mir ’nen ander’n Freund, damit ich nicht alleine bin.
Dann such ich mir ’nen ander’n Freund, damit ich nicht alleine bin.

Melodie: Alle meine Entchen; © Text: Doro Leenen

BVK KI27 • Angelika Hüskes / Doro Leenen: „Entdecken – Fühlen – Spielend lernen“

Fingerspiel: „Fünf Löwen“

Ein großer Löwe, der schleicht durchs Gras, und denkt sich, oh, da bewegt sich was.	*Den Daumen zeigen.* *An den Kopf tippen und dann nach vorn zeigen.*
Zwei große Löwen, die schleichen durchs Gras, und denken sich, oh, wir fangen uns was.	*Mit den Fingern eine 2 zeigen.* *An den Kopf tippen und dann mit der Hand in die Luft greifen.*
Drei große Löwen, die schleichen durchs Gras, und denken sich, oh, gleich haben wir was.	*Mit den Fingern eine 3 zeigen.* *Zeigefinger zeigen und mit dem Kopf nicken.*
Vier große Löwen, die schleichen durchs Gras, und denken sich, oh, wo ist der Has’?	*Mit den Fingern eine 4 zeigen.* *Hand an die Stirn halten und sich suchend umschauen.*
Fünf große Löwen, die werden ganz still, weil der Kleine zu seiner Mami will.	*Mit den Fingern eine 5 zeigen.* *Alle Finger, bis auf den kleinen, zu einer Faust formen und ein wenig weinerlich sprechen.*

© Angelika Hüskes / Doro Leenen

BVK KI27 • Angelika Hüskes / Doro Leenen: „Entdecken – Fühlen – Spielend lernen“

Reim: „Heute hab ich keinen Mut“

Heute hab ich keinen Mut,
und mir geht es auch nicht gut.
Doch da kam mein Freund gerannt,
nimmt mich einfach an die Hand.
Heute hab ich wieder Mut,
und es geht mir richtig gut.

BVK KI27 • Angelika Hüskes / Doro Leenen: „Entdecken – Fühlen – Spielend lernen“

Rhythmusspiel: „Wer hat den Keks aus der Dose geklaut?“

Alle sitzen im Kreis. Die Erzieherin hält eine Keksdose (mit Keksen) in der Hand und erzählt im Vorfeld, dass sie Kekse verteilen wollte und festgestellt hat, dass die Dose leer ist. Die Dose wird in die Mitte gestellt. Bei dem folgenden Text klatscht die Erzieherin im Rhythmus auf ihre Knie.
Schnell machen alle Kinder mit.
„Wer hat den Keks aus der Dose geklaut?“
(Die Erzieherin gibt einen Namen vor.) „Lisa hat den Keks aus der Dose geklaut!“
Lisa sagt: „Wer ich?“
Alle sagen: „Ja du!“
Lisa antwortet: „Niemals!“
Alle sagen: „Wer dann?“
Lisa nennt nun ein neues Kind: „Theo!“
(Wieder von vorn.) Alle sagen: „Theo hat den Keks aus der Dose geklaut.“ …

Wenn alle Kinder an der Reihe waren, sagt die Erzieherin: „Na wenn es keiner gewesen ist, wo sind denn dann alle Kekse? Hab ich vielleicht nicht richtig nachgeschaut?“ Sie oder ein Kind nimmt dann vorsichtig den Deckel ab. Und es sind alle Kekse noch da! Die Erzieherin verteilt alle Kekse, lecker!

***(Vorsicht!** Dieses Spiel muss behutsam eingeübt werden. Zum einen, da die Kinder den Text selbst sprechen sollen und sie erschrecken, wenn ihr Name genannt wird. Sie haben ja keinen Keks geklaut. Die Erzieherin bietet sich immer an, den Text für oder auch mit dem Kind zu sprechen. Falls ein Kind gar nicht möchte, kann sie auch fragen, welches Kind denn den Keks geklaut haben soll. Es ist auch immer lustig, wenn die Erzieherin „beschuldigt“ wird.)*

Theo ist jetzt ein Kindergartenkind

Guck mal, da kommt Theo.
Theo ist jetzt ein Kinder-gartenkind.

Theo ist jetzt ein Kindergartenkind – Karte 1

Theo will Mama nicht gehen lassen.
Mama lächelt und sagt:
„Ich hole dich gleich wieder ab."
Theo will aber nicht.

Theo ist jetzt ein Kindergartenkind – Karte 2

Guck mal, da kommt Lisa.
Lisa ist jetzt auch ein Kinder-gartenkind.
Lisa sagt: „Hallo, wie heißt du?"

Theo ist jetzt ein Kindergartenkind – Karte 3

Theo sagt: „Theo."
Lisa nimmt Theo an die Hand und sagt: „Komm, spielen!"

Theo ist jetzt ein Kindergartenkind – Karte 4

Dann kommt Mama.

Mama holt Theo wieder ab.

Theo geht mit Mama nach

Hause.

Tschüss, Theo!

Theo und Lisa malen ein Bild,

ein schönes Bild für Mama.

Da kommt Mama.

Mama sagt: „Theo, ich möchte

mit dir zum Spielplatz gehen,

räume bitte auf."

Theo sagt: „Nein, nein, nein."

Aufräumen ist doof.

Theo sagt: „Nein"

Guck mal, Theo spielt mit

Autos und Bauklötzen.

Da ist Lisa.

Lisa ist auf dem Spielplatz.

BVK

Theo geht zum Fenster und

schaut zum Spielplatz.

BVK

Da kommt Mama.

Theo fragt:

„Mama, hilfst du mir?“

BVK

Theo mag nicht aufräumen.

Aufräumen ist doof.

BVK

Dann gehen Theo und Mama auf den Spielplatz.
Theo freut sich und Lisa freut sich.

Mama hilft Theo beim Aufräumen.

Lisa sagt: „Ich muss Pipi, Theo auch?“
Theo schüttelt den Kopf und sagt: „Nein.“

Wickelbox

Theo braucht keine Windel mehr

Theo mag Lisa.
Sie sind Freunde.

Theo will zuschauen und
fragt Lisa: „Darf ich?“
Lisa sagt: „Ja.“

Theo braucht keine Windel mehr – Karte 4

Lisa geht schon ganz allein
auf die Toilette.

Theo braucht keine Windel mehr – Karte 3

Lisa sagt:
„Komm, ich helfe dir.“

Theo braucht keine Windel mehr – Karte 6

Lisa fragt: „Muss Theo auch
Pipi machen?“
Theo sagt: „Nein.“

Theo braucht keine Windel mehr – Karte 5

Lisa klatscht in die Hände.
Theo lacht und sagt:
„Die Windel kommt weg, ich kann auf die Toilette gehen!“

Theo braucht keine Windel mehr – Karte 8

Theo lacht und freut sich:
„Da ist Pipi!“

Theo braucht keine Windel mehr – Karte 7

Mama kommt und küsst Theo wach.
Sie singt: „Happy birthday to you …“

Theo hat Geburtstag – Karte 2

Geburtstagsbox

Theo hat Geburtstag

Guck mal, da schläft Theo.

Theo hat Geburtstag – Karte 1

Mama hat einen Kuchen gebacken und eine Geburtstagskerze hineingesteckt. Ein Geburtstagskuchen nur für Theo.

Mama sagt:
„Du hast Geburtstag,
du bist jetzt drei Jahre alt.“

Theo packt das Geschenk aus.
Theo ruft ganz laut:
„Toll, es ist ein Ball!“

Da kommt Lisa. Lisa hat ein Geschenk für Theo.
„Herzlichen Glückwunsch!“

Theo und Lisa essen ganz viel Kuchen. Dann bläst Theo die Kerze aus und sagt: „Geburtstag ist toll."

Theo sagt:
„Komm Lisa, wir spielen Ball."

Theo sagt:
„Ich will draußen spielen."
Mama sagt:
„Es ist kein schönes Wetter."
Theo sagt: „Ich will aber!"

Regenbox

Theo mag Regen

Theo steht am Fenster.
Es regnet dicke Tropfen.

Draußen ist Lisa.

Lisa hat auch Regensachen an.

Mama sagt: „Okay, du ziehst aber Regenhose, Regenjacke und Gummistiefel an.“

Theo und Lisa spielen in der Pfütze.

Theo sagt:

„Regenwetter macht Spaß!“

Da ist eine tolle Pfütze.

power-truck

Aber wo ist Theos Ball?

Theos Ball ist weg

Lisa kommt zu Theo.

Sie will mit Theo Ball spielen.

Theo schaut unter dem großen Kissen nach.

Wo ist der Ball?

Da kommt Mama. Theo fragt Mama: „Wo ist mein Ball?“ Mama sagt: „Das weiß ich nicht, du musst suchen.“

Theo schaut in den Schrank.

Theos Ball ist weg – Karte 6

Lisa schaut in den Mülleimer.

Da ist kein Ball.

Theos Ball ist weg – Karte 5

Jetzt können Theo und Lisa

Ball spielen.

Theos Ball ist weg – Karte 8

Hurra, da ist der Ball!

Theos Ball ist weg – Karte 7

25
ATTENTION!

Theo geht in die Turnhalle

Heute ist Turntag im Kindergarten.
Theo und Lisa nehmen sich ihre Turnbeutel und ziehen ihre Turnsachen an.

Theo geht in die Turnhalle – Karte 1

Lisa geht gerne turnen.
Sie läuft schon über die Bank.

Theo geht in die Turnhalle – Karte 2

Theo möchte lieber zuschauen.

Theo geht in die Turnhalle – Karte 3

Lisa ruft:
„Theo, komm, Turnen macht Spaß!“
Theo kommt und zieht Lisa auf dem Rollbrett.

Theo geht in die Turnhalle – Karte 4

Theo sagt: „Turnen macht Spaß!“

Jetzt klettert Theo.
Lisa klettert hinterher.

Lisa will heute mit Leni spielen.

Theo findet eine neue Freundin

Theo spielt heute ganz allein.

Theo denkt:

„Irma! Ich frage Irma!“

Theo findet eine neue Freundin – Karte 4

Theo schaut Lisa und Leni beim Spielen zu.

Allein spielen ist doof.

Theo findet eine neue Freundin – Karte 3

Theo und Irma puzzeln.

Theo findet eine neue Freundin – Karte 6

Irma hat „Ja“ gesagt und geht mit Theo in die Spielecke.

Theo findet eine neue Freundin – Karte 5

Theo und Irma gehen mit
in die Puppenecke.
Jetzt sind alle Freunde
geworden.

Da kommt Lisa und fragt:
„Hallo Theo, hallo Irma,
wollt ihr mit uns spielen?"

Theo traut sich nicht, er kennt
die Kinder noch nicht.
Da kommt Sophie und sagt:
„Ich bin Sophie, komm mit,
ich zeige dir alles."

Theo kommt in eine neue Gruppe

Theo kommt bald in eine
andere Gruppe.
Heute darf Theo in seiner
neuen Gruppe schnuppern.

Dann liest Sophie Theo eine Geschichte vor.

Theo geht mit Sophie in die Ballkiste.

Jetzt kennt Theo Sophie aus der anderen Gruppe und hat keine Angst mehr.
„Tschüss, Sophie, bis bald!“

Theo hat Hunger und nimmt sich eine Reiswaffel.
Hmm, Theo mag Reiswaffeln.